utb 4094

Eine Arbeitsgemeinschaft der Verlage

Böhlau Verlag · Wien · Köln · Weimar
Verlag Barbara Budrich · Opladen · Toronto
facultas · Wien
Wilhelm Fink · Paderborn
A. Francke Verlag · Tübingen
Haupt Verlag · Bern
Verlag Julius Klinkhardt · Bad Heilbrunn
Mohr Siebeck · Tübingen
Nomos Verlagsgesellschaft · Baden-Baden
Ernst Reinhardt Verlag · München · Basel
Ferdinand Schöningh · Paderborn
Eugen Ulmer Verlag · Stuttgart
UVK Verlagsgesellschaft · Konstanz, mit UVK/Lucius · München
Vandenhoeck & Ruprecht · Göttingen · Bristol
Waxmann · Münster · New York

StandardWissen Lehramt

Die Bände zur Didaktik des Deutschen werden herausgegeben von Jakob Ossner

Bislang sind erschienen in der Reihe:

Jakob Ossner: Sprachdidaktik Deutsch
Martin Fix: Texte schreiben
Achim Barsch: Mediendidaktik Deutsch
Roland W. Wagner: Mündliche Kommunikation in der Schule
Ursula Bredel: Sprachbetrachtung und Grammatikunterricht
Gabriele Kniffka/Gesa Siebert-Ott: Deutsch als Zweitsprache
Peter Marx: Lese- und Rechtschreiberwerb
Christine Garbe/Karl Holle/Tatjana Jesch: Texte lesen
Gina Weinkauf/Gabriele von Glasenapp: Kinder- und Jugendliteratur
Jakob Ossner: Orthographie
Jakob Ossner/Heike Zinsmeister (Hg.): Sprachwissenschaft für das Lehramt

Ergänzend:

Christine Garbe/Maik Philipp/Nele Ohlsen: Lesesozialisation. Arbeitsbuch

Gabriele Kniffka/Thorsten Roelcke
Fachsprachenvermittlung im Unterricht

Ferdinand Schöningh

Die Autoren:
Gabriele Kniffka, Dr. phil. habil., ist Professorin für Sprachwissenschaft und Sprachdidaktik am Institut für deutsche Sprache und Literatur der Pädagogischen Hochschule Freiburg. Schwerpunkte ihrer Arbeit sind die Bereiche Sprachdidaktik Deutsch als Fremd-/Zweitsprache, germanistische Linguistik und sprachsensibler Fachunterricht. Nach längeren Auslandsaufenthalten unterrichtete sie 10 Jahre lang Deutsch als Fremdsprache (insbes. Studienvorbereitung und Fachsprache) und war an verschiedenen Projekten (u.a. TestDaF) beteiligt. Von 2002-2010 war sie als Koordinatorin des Kooperationsprojektes „Sprachliche Förderung von Schülerinnen und Schülern mit besonderem Bedarf" an der Universität zu Köln. Seit April 2010 ist sie Professorin an der PH Freiburg und leitet dort den Studiengang BA Deutsch als Zweit-/Fremdsprache.

Thorsten Roelcke, Dr. phil. habil., ist Professor für Sprachwissenschaft am Institut für Sprache und Kommunikation der Technischen Universität Berlin. Am Lehrstuhl für Deutsch als Fremd- und Fachsprache, den er seit 2014 innehat, sind seine Schwerpunkte Fachsprachenforschung, Sprache und Literatur, Sprachgeschichte und Variationslinguistik sowie Sprachtypologie. Er ist dabei, den bestehenden didaktischen Ansatz an seinem Fachgebiet in Berlin auszubauen, und konzentriert sich auf eine sprachlich-kulturelle Ausbildung, die die fachkommunikativen Kompetenzen gezielt stärkt. Zuvor war er Professor am Institut für deutsche Sprache und Literatur der Pädagogischen Hochschule Freiburg – auch dort beschäftigte er sich mit Deutsch als Fremdsprache. Thorsten Roelcke ist Vorstandsmitglied des Fachverbands Deutsch als Fremdsprache (FaDaF), Redaktionsmitglied der Zeitschrift InfoDaF. Als Herausgeber der Buchreihe Linguistik – Impulse und Tendenzen und der Zeitschrift Glottotheory beschäftigt er sich mit qualitativen und quantitativen Ansätzen der Linguistik.

Online-Angebote oder elektronische Ausgaben sind erhältlich unter **www.utb-shop.de**

Bibliografische Information der Deutschen Nationalbibliothek
Die Deutsche Nationalbibliothek verzeichnet diese Publikation in der Deutschen Nationalbibliografie; detaillierte bibliografische Daten sind im Internet über http://dnb.d-nb.de abrufbar.

© 2016 Ferdinand Schöningh, Paderborn
(Verlag Ferdinand Schöningh GmbH & Co. KG, Jühenplatz 1, D-33098 Paderborn)

Internet: www.schoeningh.de

Das Werk, einschließlich aller seiner Teile, ist urheberrechtlich geschützt. Jede Verwertung außerhalb der engen Grenzen des Urheberrechtsgesetzes ist ohne Zustimmung des Verlages unzulässig und strafbar. Das gilt insbesondere für Vervielfältigungen, Übersetzungen, Mikroverfilmungen und die Einspeicherung und Verarbeitung in elektronischen Systemen.

Printed in Germany
Einbandgestaltung: Atelier Reichert, Stuttgart, nach einem Entwurf von Alexandra Brand und Judith Karwelies
Layout: Alexandra Brand und Judith Karwelies

UTB-Band-Nr.: 4094
ISBN 978-3-8252-4094-3

Vorwort zur Reihe

StandardWissen Lehramt – Studienbücher für die Praxis

Wie das gesamte Bildungswesen wird sich auch die künftige Lehramtsausbildung an Kompetenzen und Standards orientieren. Damit rückt die Frage in den Vordergrund, was Lehrkräfte wissen und können müssen, um ihre berufliche Praxis erfolgreich zu bewältigen. Das Spektrum reicht von fachlichen Fähigkeiten über Diagnosekompetenzen bis hin zu pädagogisch-psychologischem Wissen, um Lehren als Unterstützung zur Selbsthilfe und Lernen als eigenaktiven Prozess fassen zu können.

Kompetenzen werden nicht in einem Zug erworben; Lehrerbildung umfasst nicht nur das Studium an einer Hochschule, sondern ebenso das Referendariat und die Berufsphase. Die Reihe StandardWissen Lehramt bei UTB bietet daher Lehramtsstudierenden, Referendaren, Lehrern in der Berufseinstiegsphase und Fortbildungsteilnehmern jenes wissenschaftlich abgesicherte Know-How, das sie im Rahmen einer neu orientierten Ausbildung wie auch später in der Schule benötigen. Fachdidaktische und pädagogisch-psychologische Themen werden gleichermaßen in dieser Buchreihe vertreten sein – einer Basisbibliothek für alle Lehramtsstudierenden, Referendare, Lehrerinnen und Lehrer.

Inhalt

Vorwort: Sprache im schulischen Bildungsprozess

1 RELEVANZ EINER VERMITTLUNG VON FACHSPRACHEN IM UNTERRICHT

Seite			
	14	1.1	Pluralität von Fachsprachen im Alltag und im Beruf
	14	1.1.1	Verwissenschaftlichung, Technisierung und Institutionalisierung der Alltagssprache
	15	1.1.2	Dezentralisierung, Differenzierung und Dynamisierung der Fachkommunikation
	18	1.2	Fachsprachliche Kenntnisse und fachkommunikative Kompetenzen
	18	1.2.1	Teilbereiche einer allgemeinen Kompetenz fachlicher Kommunikation
	19	1.2.2	Kenntnis formaler und funktionaler Charakteristika
	21	1.2.3	Pragmatische, kognitive und ethische Kompetenzen
	24	1.2.4	Fachkommunikative Anforderungen in Ausbildung und Beruf
	26	1.3	Fachsprache und Fachkommunikation in Bildungsstandards und Lehrwerken
	26	1.3.1	Bildungsstandards für das Fach Deutsch (Baden-Württemberg)
	28	1.3.2	Lehrmaterial für das Fach Deutsch
	30	1.3.3	Bildungsstandards für die Fächer Physik und Technik (Baden-Württemberg)
	33	1.4	Didaktik der Fachsprachen und der Fachkommunikation
	33	1.4.1	Sprachreflexion und Kommunikationsförderung im Sprach- und Fachunterricht
	35	1.4.2	Methodische Grundsätze
	38		Zusammenfassung
	39		Weiterführende Literatur
	39		Testfragen

2 VON DER BILDUNGSSPRACHE ZU EINER FACHKOMMUNIKATIVEN KOMPETENZ

	43	2.1	Bildungssprache

50	2.2	Schulsprache
51	2.3	BICS und CALP
55	2.4	Allgemeine Fachsprachenkompetenz
56		Zusammenfassung
58		Weiterführende Literatur
58		Testfragen
	3	**Formen und Funktionen von Fachsprachen**
61	3.1	Präzisierung: Festlegen von Bedeutungen
62	3.1.1	Klassisch-aristotelische Definition
63	3.1.2	Andere Definitionsarten
65	3.2	Differenzierung: Erweiterung des Wortschatzes
65	3.2.1	Bildung von Komposita
66	3.2.2	Entlehnungen aus fremden Sprachen
68	3.2.3	Bildhafte Bedeutungen (Metaphern)
69	3.3	Präzisierung und Differenzierung: Grammatik und Text
69	3.3.1	Verwendung von Attributen
71	3.3.2	Gebrauch von Nebensätzen
72	3.3.3	Ausgewählte Verknüpfungsverfahren
75	3.4	Ökonomie: Ausdruckskürze
76	3.4.1	Sprachliche Ökonomie und kommunikative Effizienz
76	3.4.2	Kurzwortbildung
77	3.4.3	Textbaupläne
80	3.5	Anonymisierung und Objektivierung
80	3.5.1	Bevorzugung der 3. Person
81	3.5.2	Präsens- und Passivkonstruktionen
83	3.5.3	Substantivierungen
85	3.6	Nichtsprachliche Zeichen
85	3.6.1	Zahlen, Symbole und Formeln
86	3.6.2	Abbildungen und Tabellen

90	3.7	Gliederung von Fachsprachen
90	3.7.1	Gliederung nach verschiedenen Fächern (horizontale Gliederung)
91	3.7.2	Gliederung nach kommunikativen Bereichen (vertikale Gliederung)
95	3.7.3	Fachliche Textsorten
98		Zusammenfassung
100		Weiterführende Literatur
100		Testfragen
	4	**Konzepte und Modelle von Sprachvermittlung im Fach: ein Überblick**
102	4.1	Fachsprachen im mutter- und fremdsprachlichen Unterricht
104	4.2	Traditionelle (Praxis-)Felder des fremdsprachlichen Fachunterrichts
106	4.3	Konzepte und Modelle der Integration von Sprach- und Fachlernen
106	4.3.1	Content and Language Integrated Learning (CLIL)
108	4.3.2	Bilingualer (Sachfach-)Unterricht
109	4.3.3	Deutschsprachiger Fachunterricht (DFU)
110	4.3.4	Sheltered Instruction Operation Protocol (SIOP®)
113	4.3.5	Scaffolding
116		Zusammenfassung
118		Weiterführende Literatur
118		Testfragen
	5	**Planungshilfen für die Praxis fachsprachlichen Unterrichts**
120	5.1	Vorbereitung eines sprach- und fachintegrierten Unterrichts
121	5.1.1	Materialanalyse
135	5.1.2	Lern- und Sprachstandserfassung
137	5.1.3	Fachliche und sprachliche Lernziele
139	5.2	Unterrichtsplanung: Sequenzierung

Inhalt

148	5.3	Unterrichtsinteraktion – Mikro-Scaffolding
155		Zusammenfassung
155		Weiterführende Literatur
155		Testfragen

Anhang

158	Lösungshinweise zu den Übungen
169	Lösungshinweise zu den Testfragen
177	Literaturverzeichnis
193	Abbildungsverzeichnis
197	Register

Vorwort: Sprache im schulischen Bildungsprozess

Sprache und Schule werden vielfach zunächst mit Schriftspracherwerb oder Fremdsprachenunterricht in Zusammenhang gebracht, eventuell auch mit dem Fach Deutsch als Muttersprache. Lesen und schreiben zu lernen oder (wie etwa in Klasse 9) einen Lebenslauf abzufassen, eine Präsentation zu erstellen oder ein Bewerbungsgespräch zu führen, all dies ist mit klaren sprachlichen Lernzielen verbunden. Im Weiteren denkt man heute auch an das Deutsche als Zweitsprache: Schülerinnen und Schüler, die zu Hause beispielsweise Türkisch, Russisch oder Arabisch sprechen, sind gefordert, Deutsch zu lernen, um erfolgreich am Bildungsprozess teilnehmen zu können. Sprache und Schule – das heißt also unter einem ersten Gesichtspunkt: **Sprache als Gegenstand des Unterrichts** (Sprachunterricht).

Nicht weniger wichtig ist hier ein zweiter Aspekt: Sprache im schulischen Kontext heißt immer auch **Sprache als Medium des Unterrichts**. Wenn Lehrerinnen und Lehrer ihren Schülerinnen und Schülern Kenntnisse und Kompetenzen vermitteln, sei es in Mathematik, Biologie, Physik oder Kunst, so ist stets Sprache das entscheidende Werkzeug. Lehrerinnen und Lehrer regeln die Unterrichtsinteraktion überwiegend verbal: Aufgabenstellungen, Unterrichtsmaterialien, Bewertungen – all diese Komponenten enthalten einen hohen Anteil an Sprache. Schülerinnen und Schüler müssen ihrerseits Sprache einsetzen, um sich mit ihrer Lehrperson oder mit ihren Klassenkameraden über schulische Inhalte zu verständigen, sich fachliche Inhalte zu erschließen usw.

Ein dritter Gesichtspunkt, der hier zu berücksichtigen ist, ist derjenige der **sprachlichen Varietäten**: In Bildungskontexten wie schulischem Unterricht werden andere Sprachhandlungen und andere sprachliche Register verlangt als daheim oder unter Freunden im informellen Alltagsgespräch. Sachfächer präsentieren sich in einer ihnen eigenen Fachsprache mit spezieller Lexik, spezifischen Denk- und Arbeitsweisen und entsprechenden kommunikativen Praktiken.

Sprachliches und fachliches Lernen sind eng miteinander verknüpft: Einerseits ist ohne entsprechende sprachliche Kompetenz kein fachliches Lernen möglich; andererseits finden in jedem Fachunterricht auch sprachliche Bildungsprozesse statt

– nur in der jeweiligen Fachsprache lassen sich fachspezifische Denkweisen und fachkommunikative Handlungen angemessen ausdrücken.

Im Rahmen der fachdidaktischen Lehrerausbildung werden fachsprachliche und sprachbildende Gesichtspunkte bislang wenig berücksichtigt. Der vorliegende Band möchte dazu beitragen, diese Lücke zu schließen. Er richtet sich an Studierende und Lehrende der Lehramtsfächer, vor allem an solche der nichtsprachlichen Fächer. Ziel ist es, ihnen einen Überblick über die Merkmale schulischer Fachsprachen und fachsprachlicher Kommunikation zu vermitteln sowie eine Anleitung zur Planung und Gestaltung eines sprachintegrierenden Fachunterrichts an die Hand zu geben.

Dieser Band wäre ohne die Unterstützung anderer Personen in dieser Form nicht zustande gekommen. Danken möchten wir Birgit Neuer für zahlreiche Kommentare und Anregungen zum Fach Geographie, Jörg Hagemann für das Re-Transkribieren und die Vereinheitlichung der Unterrichtsbeispiele in Kapitel 5.3, Michael Becker-Mrotzek für die Bereitstellung von Schülertexten in Kapitel 5.1, Kristina Pelikan für die Durchsicht der Kapitel. Ein besonderer Dank gilt den Studierenden unserer Fachsprachen-Seminare, die die Übungen dieses Bandes erprobt und kritische Rückmeldungen gegeben haben. Ein ausdrücklicher Dank geht an Martina Kasper, die die Lücken im Literaturverzeichnis aufgespürt und uneinheitliche Zitierweisen angemahnt hat. Nicht zuletzt danken wir Nadine Albert für ihre Geduld und Unterstützung seitens des Verlages.

Freiburg / Berlin im Juni 2015
Gabriele Kniffka und *Thorsten Roelcke*

1 Relevanz einer Vermittlung von Fachsprachen im Unterricht

1.1 Pluralität von Fachsprachen im Alltag und im Beruf

1.1.1 Verwissenschaftlichung, Technisierung und Institutionalisierung der Alltagssprache

Fachwörter im Alltag

Bereits in der Mitte der 1970er Jahre stellt der Germanist Hugo Moser fest: Es werde „aus Sondersprachen bestimmter sozialer Gruppen oder Kulturbereiche, heute besonders aus Fachsprachen, [...] fortwährend Wortgut in die allgemeine Hochsprache übernommen" (Moser 1974, 534; vgl. mit zahlreichen Beispielen ebd.: 535–596). Dieser Befund wird seither durch eine Reihe an weiteren Untersuchungen zum Einfluss der deutschen Fachsprachen auf die Sprache des Alltags oder die sog. Standardsprache untermauert (vgl. die Übersicht bei von Polenz 1999, 485–503); der große Einfluss von Fachwortschatz, d.h. fachlicher Lexik auf die Sprache des Alltags kann nunmehr als gesichert gelten. Dabei ist unter anderem an die drei folgenden Bereiche (vgl. Steger 1988) zu denken:

- Wissenschaft – zum Beispiel Humanmedizin (*Antibiotikum, Bypass, Compliance*), Atomphysik (*Elektron, Halbwertszeit, Kernspaltung*) oder Lebensmittelchemie (*Ascorbinsäure, Konservierungsstoff, Nährwert*);
- Technik – etwa Kraftfahrzeugbau (*Antiblockiersystem, Cabriolet, Hybridantrieb*), Elektrotechnik (*Halbleiter, Starkstrom, Widerstand*) oder Neue Medien (*E-Mail, Hypertext, Internet*);
- Institutionen – wie Banken (*Bundeszentralbank, Hedgefonds, Kontokorrentkredit*), Recht (*Jugendschutz, Justizvollzugsanstalt, Strafmaß*) und Verwaltung (*Agentur für Arbeit, Einkommensteuerjahresausgleich, Schulpflicht*).

Fachtexte im Alltag

Doch sind es nicht solche Fachwörter oder Termini allein, die aus den Fachsprachen Eingang in die deutsche Standardsprache der Gegenwart finden: In der Kommunikation des Alltags erscheinen immer öfter ganze Fachtexte, die sich jeweils durch einen besonderen Wortschatz, einen speziellen Gebrauch der Grammatik und einen eigenen Aufbau von Texten auszeichnen. Als Beispiele aus den drei genannten Bereichen sind zu nennen:

- Wissenschaft – Arzt/Patienten-Gespräch, Beipackzettel zu einem Medikament, Meteorologische Prognose (Wetterbericht);

- Technik – Bauzeichnung für ein Einfamilienhaus, Bedienungsanleitung für eine Feuerungsanlage; Technische Beschreibung eines Kraftfahrzeugs;
- Institutionen – Bescheid über Einkommensteuerjahresausgleich, Bürgerliches Gesetzbuch, Zeugnis der Allgemeinen Hochschulreife.

Diese wenigen Beispiele machen bereits deutlich, dass fachliche Lexik in der Standardsprache und fachliche Texte in der Alltagskommunikation eine zunehmend große Rolle spielen (Fluck 2000). Daher ist hier von einer wachsenden Verwissenschaftlichung, Technisierung und Institutionalisierung in der Alltagssprache zu reden, die immer wieder neue kommunikative Herausforderungen mit sich bringt. Auf diese Entwicklung hat die Schule zu reagieren: Fachsprachliche Kenntnisse und fachkommunikative Kompetenzen von Kindern und Jugendlichen (nicht zuletzt auch von jungen Erwachsenen) müssen hier rechtzeitig und angemessen gefördert werden.

1.1.2 Dezentralisierung, Differenzierung und Dynamisierung der Fachkommunikation

Neben der wachsenden Bedeutung von Fachsprachen und Fachtexten im Alltag ist festzustellen, dass auch die fachliche Kommunikation selbst zunehmend dezentral, differenziert und dynamisch erfolgt. Dies sei im Folgenden nach Roelcke (2013a) am Beispiel eines typischen Ausbildungsberufs, dem des Kraftfahrzeugmechatronikers bzw. der Kraftfahrzeugmechatronikerin, erläutert (vgl. die Verordnung über die Berufsausbildung zum Kraftfahrzeugmechatroniker/zur Kraftfahrzeugmechatronikerin vom 20. Juli 2007)[1]: Personen, die in diesem Beruf tätig sind, kommunizieren in der Regel schriftlich oder mündlich miteinander oder mit Kunden über die (instand zu haltende oder instand zu setzende) Mechanik und Elektronik von Automobilen. Dies geschieht beispielsweise anhand von Funktionsbeschreibungen des elektronischen Antriebsmanagements, im Rahmen von Beratungsgesprächen über Instandhaltungsmaßnahmen, mit

Veränderungen in der Fachkommunikation

---

[1] Seit Mitte 2013 liegt eine neue Ausbildungsverordnung vor (vgl. Literaturverzeichnis); die Ergebnisse von Roelcke 2013a bleiben davon in ihrem Kern jedoch unberührt.

schriftlichen Gutachten über Karosserieschäden, Montageanleitungen oder automatischen Fehlerausleseprotokollen. Im Ganzen sind folgende Bereiche der fachlichen Kommunikation anzuführen:
- *Dezentrale Fachkommunikation*: In diesen Bereich gehören Texte, die nicht im Zentrum der eigentlich fachbezogenen Tätigkeit stehen (hier also derjenigen des Faches Kraftfahrzeugmechatronik), zum Beispiel:
    – Texte aus der Elektronischen Datenverarbeitung: Listen aus einem Ersatzteillager, Auftragsannahmen von Kunden, Dienstpläne;
    – Texte aus der (öffentlichen) Verwaltung: Abnahmeprotokolle des Technischen Überwachungsvereins (TÜV), Leasingverträge oder Zulassungsbeschränkungen für Sonderausstattungen;
    – Texte aus der Werbung: Anzeigen, Fernsehclips, Werbebroschüren.
- *Differenzierte Fachkommunikation*: Das Berufsbild Kraftfahrzeugmechatroniker/in erfährt mit der Weiterentwicklung der Technik und deren zunehmender Komplexität Spezialisierungen, die jeweils eine eigene fachliche Kommunikation mit einer spezifischen Fachsprache erforderlich machen. So werden im Falle der Kraftfahrzeugmechatronik derzeit vier Schwerpunkte in Ausbildung und Beruf unterschieden, welche die zunehmenden theoretischen (vgl. Berufsbildungsbericht 2006, 1) und praktischen Anforderungen des Berufsbildes widerspiegeln. Mit jedem dieser fachlichen Schwerpunkte sind auch eigene kommunikative Anforderungen verbunden:
    – Personenkraftwagentechnik,
    – Nutzfahrzeugtechnik,
    – Motorradtechnik,
    – Fahrzeugkommunikationstechnik.
- *Dynamische Fachkommunikation*: Kraftfahrzeugmechatroniker/in ist ein Beruf, der auf den des Kraftfahrzeugmechanikers zurückgeht. Dessen Ausbildungsordnung stammt aus dem Jahre 1957 und hat danach immer wieder Neuordnungen erfahren. Kraftfahrzeugmechatroniker/in wurde als Nachfolgeberuf zu Beginn des letzten Jahrzehnts (2003) eingeführt, da neben mechanischen immer mehr elektronische Komponenten von Automobilen instand zu halten und instand zu setzen

sind. Damit wird der technischen Fortentwicklung und einer Veränderung kommunikativer Anforderungen Rechnung getragen, die das Berufsbild in gut vier Jahrzehnten genommen hat und auch weiterhin nehmen wird.

Es lässt sich somit festhalten, dass zum einen die Kommunikation im Alltag in einem deutlich wachsenden Umfang fachsprachliche Elemente aufweist; zum anderen wird am Berufsbild Kraftfahrzeugmechatroniker/in deutlich, dass die Kommunikation im Beruf alles andere als fachlich homogen, sondern vielmehr hochgradig heterogen ist (vgl. Abb. 1.1): Elemente der fachsprachlichen Kommunikation im Alltag sind insbesondere Fachwörter, die innerhalb der Standardsprache selbst verwendet werden, sowie Fachtexte, die bei einer Kommunikation zwischen Experten und Laien erscheinen. Innerhalb ihres Berufs kommunizieren Experten selbst zum einen mit Texten, die thematisch aus ihrem eigenen Berufsfeld stammen. Sie müssen sich darüber hinaus aber auch mit Texten auseinandersetzen, mit denen jeweils fachliche Anforderungen am Rande ihres Tätigkeitsbereichs sowie Spezialisierungen oder auch Weiterentwicklungen in diesem Tätigkeitsbereich selbst zu bewältigen sind.

Fazit

Elemente fachsprachlicher Kommunikation			
... im Alltag		... im Beruf	
Fachwörter	Fachtexte	homogene Texte	heterogene Texte
Elemente der Standardsprache	Experten/ Laien-Kommunikation	Zentrum des Berufsfelds	dezentral, differenziert und dynamisch

Abb. 1.1 | **Elemente fachsprachlicher Kommunikation in Alltag und Beruf** (nach Roelcke 2013a, 322)

Die Tatsache, dass zahlreiche Fachwörter und Fachtexte unterschiedlicher Herkunft und Charakteristik die Kommunikation sowohl im Alltag als auch im Beruf prägen, bringt in beiden Bereichen ganz erhebliche Anforderungen an die sprachliche Kommunikation mit sich. Diesen Anforderungen kann letztlich allein durch den Erwerb von entsprechenden fachsprachlichen Kenntnissen und fachkommunikativen Kompetenzen begegnet werden. Hier zeigt sich ein weiteres Mal die erhebliche Herausforderung hinsichtlich der Förderung solcher Kenntnisse und Kompetenzen durch den Unterricht an der Schule.

Übung 1.1

> Reflektieren Sie Ihr fachsprachliches und fachkommunikatives Handeln im Alltag und im Studium bzw. im Beruf:
>
> a) Welche Fachwörter sind Ihnen geläufig und aus welchen Fachbereichen stammen diese?
> b) Welche Fachtextsorten welcher Fachbereiche rezipieren und produzieren Sie regelmäßig?
> c) Welche Textsorten gehören in den engeren Bereich Ihres Studiums oder Ihres Berufs?
> d) Weisen Sie Dezentralisierung, Differenzierung und Dynamisierung Ihres Fachbereiches nach!

1.2 Fachsprachliche Kenntnisse und fachkommunikative Kompetenzen

1.2.1 Teilbereiche einer allgemeinen Kompetenz fachlicher Kommunikation

Allgemeine fachkommunikative Kompetenz

Angesichts der sog. Verfachsprachlichung des Alltags durch Fachwörter und Fachtexte ist also eine allgemeine einzelsprachliche Fachsprachen- und Fachkommunikationskompetenz als wichtige Voraussetzung für eine erfolgreiche Teilnahme am öffentlichen Leben und damit als zentrales Ziel sprachlicher Förderung in der Schule anzusehen. Darüber hinaus ist zu berücksichtigen, dass Sprache und Kommunikation im Beruf nicht in sich abgeschlossen sind, sondern zahlreichen Einflüssen und Veränderungen unterliegen. Diese Heterogenität bzw. Dynamik macht eine „kontinuierliche Anpassung der Qualifikationen und Kompetenzen" (Berufsbildungsbericht 2006, 1) erforderlich. – Zu klären ist daher, welche Teilkompetenzen eine (allgemeine) fachkommunikative Kompetenz ausmachen, mit denen flexibel auf diverse fachsprachliche Anforderungen reagiert werden kann. Nach Roelcke (2009a: 12; 2009b: 137) sind ein struktureller, ein pragmatischer, ein kognitiver und ein ethischer Kompetenzbereich zu unterscheiden (vgl. Abb. 1.2).

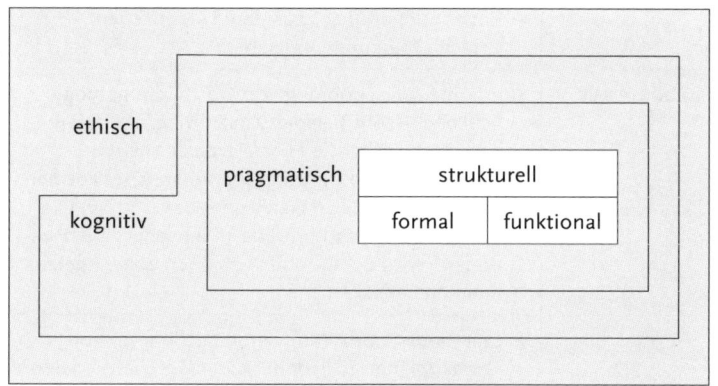

Abb. 1.2 | Teilbereiche fachkommunikativer Kompetenz
(Roelcke 2009a: 12; 2009b: 137)

1.2.2 Kenntnis formaler und funktionaler Charakteristika

Der strukturelle Kompetenzbereich umfasst zunächst einmal Kenntnisse formaler und funktionaler Charakteristika von deutschen Fachsprachen auf den Ebenen des Wortschatzes, der Grammatik und des Textes (vgl. Buhlmann/Fearns 2000: 15–80; Hoberg 1998: 956–958; Roelcke 2002a: 15–20). In der folgenden Tabelle sind zum Zweck einer ersten Orientierung einige dieser formalen Charakteristika zusammengestellt (vgl. Tab. 1.1); die funktionalen Charakteristika, die in dem vorliegenden Band den Ausgangspunkt für eine Betrachtung fachsprachlicher Besonderheiten bilden, werden an anderer Stelle erläutert.

Strukturelle Charakteristika von Fachsprachen

Tab. 1.1: Charakteristika deutscher Fachsprachen (nach Roelcke 2002a: 15–20)

Wortschatz	• Bedeutungsfestlegung in Form verschiedener Definitionstypen • relative Genauigkeit und Eindeutigkeit (Wortbedeutungen sind mehr oder weniger präzise festgelegt) • bildhafte Verwendung alltagsnaher Bedeutungen (Metaphern wie *Kopf* oder *Wurzel*) • Entlehnungen (u. a. aus dem Lateinischen, Griechischen und Englischen)
Grammatik	• erhöhte Ausschöpfung von Wortbildungsmöglichkeiten (zum Beispiel Zusammensetzungen bzw. Komposita wie *Handwurzelknochen*) • Bevorzugung bestimmter grammatischer Formen (zum Beispiel des Passivs oder des Genitivs) • Bevorzugung bestimmter syntaktischer Konstruktionen (etwa der erhöhte Gebrauch von eingeleiteten Nebensätzen)
Text	• Standardisierung (Konventionalisierung) von Textbauplänen (Gliederung von Geschäftsbriefen oder von Beipackzetteln pharmazeutischer Produkte) • erhöhte Ausschöpfung von Verfahren, die den Zusammenhang von Texten sichern (Gebrauch von Konjunktionen, Pronomina usw.) • ausgeprägte Funktionalität: Kohärenz und Kohäsion (inhaltlicher und formaler Textzusammenhang), Intentionalität und Akzeptabilität (Produktions- und Rezeptionsorientierung), Informativität, Situationalität (konkrete Einbindung in die Kommunikation), Intertextualität (Bezug zu anderen Texten)
Weitere Besonderheiten	• Verwendung von künstlichen Ausdrücken (Symbolen) und (mathematischen, chemischen usw.) Formeln • Einsatz von Abbildungen (Diagramme, Schemata, Fotografien oder Zeichnungen) und Tabellen • Befolgung strenger typographischer Konventionen

Übung 1.2

> Es ist nicht ausgeschlossen, dass Ihnen einige der Termini der Tabelle 1.1 nicht (mehr) geläufig sind. Überlegen Sie, wie Sie deren Bedeutung verlässlich ermitteln können. Vergleichen und bewerten Sie mehrere Ihrer Ergebnisse zu jeweils ein und demselben Terminus.

1.2.3 Pragmatische, kognitive und ethische Kompetenzen

Die Kenntnis solcher Charakteristika (und deren Funktionen) ist allein jedoch noch kaum eine Garantie für eine erfolgreiche Fachkommunikation. Daher muss hier die Kompetenz zur richtigen und angemessenen Verwendung von Fachsprache in Produktion und Rezeption schriftlicher und mündlicher Texte hinzukommen. Dabei können neben dem Einsatz formaler und funktionaler Charakteristika von Fachsprachen drei weitere, einander überschneidende bzw. einschließende Bereiche fachkommunikativer Kompetenz unterschieden werden:

Besondere fachkommunikative Kompetenzen

- die pragmatische Kompetenz, von formalen und funktionalen Charakteristika hinsichtlich der kommunikativen Situation und der dabei eingesetzten Medien angemessen Gebrauch zu machen (zu denken ist hier etwa an die Fähigkeit eines Dozenten, sich während einer Vorlesung in die Studierenden hineinzuversetzen, deren fachliche wie sprachliche Vorkenntnisse zu antizipieren bzw. in Betracht zu ziehen und den Gebrauch einschlägiger Fachwörter hiernach auszurichten);
- die kognitive Kompetenz, formale und funktionale Charakteristika hinsichtlich der Darstellung von Gegenständen und Sachverhalten sowie in Bezug auf die kommunikative Absicht gezielt einzusetzen (der bewusste Einsatz von fachsprachlichen oder von graphischen Darstellungsmitteln kann zum Beispiel den Erkenntnisprozess der Rezipienten, also der Hörer oder Leser, nachhaltig unterstützen – im Übrigen auch denjenigen der Produzenten selbst).
- die ethische Kompetenz zu einem persönlich kooperativen und sozial verantwortungsvollen fachkommunikativen Handeln (hierzu gehört insbesondere auch die Bereitschaft eines Experten, mögliche Verständnisschwierigkeiten eines Laien

wahr- und ernst zu nehmen und diese durch das eigene sprachliche Verhalten zu überwinden).

Eine umfassende Systematik fachkommunikativer Pragmatik, Kognition und Ethik wurde bislang nicht entwickelt. Als Beispiel für eine unsystematische, jedoch praktikable Aufstellung fachsprachlicher Kenntnisse und fachkommunikativer Kompetenzen sei ergänzend eine bereits etwas ältere Aufstellung von Klute (1975) wiedergegeben, die jedoch bis heute (weitgehend) Gültigkeit beanspruchen darf (vgl. Tab. 1.2):

Tab. 1.2: Fachkommunikative Kenntnisse, Fähigkeiten und Verhaltensweisen (nach Klute 1975: 7–8)

Kenntnisse	a) Elemente und Bedingungen von Kommunikationsprozessen b) Situationen und Sachbereiche, die stark fachsprachlich geprägt sind c) Gesellschaftliche Gründe der Entstehung von Fachsprachen d) typische Formen fachsprachlicher Wortbildung und Syntax e) Entwicklungstendenzen der Fachsprache f) Leistungen und Schwächen der Fachsprache g) Wechselbeziehungen zwischen Fachsprache und Gemeinsprache [Sprache des Alltags – Th.R.] h) die Problematik der Abgrenzung von Fach- und Gemeinsprache
Fähigkeiten	a) fachwissenschaftliche Texte bekannter Sachgebiete verstehen und analysieren können b) bei der Auswertung von Fachliteratur Hilfsmittel benutzen können c) die Bedeutung eines Fachtextes für die gesellschaftliche Kommunikation beurteilen können d) die Funktion der Fachsprache in Texten und Situationen erkennen und beurteilen können e) Fachtexte bekannter Sachgebiete situationsgerecht anfertigen können f) den Übergang von Fach- in Gruppensprache aufdecken können g) die Vermittlerfunktion eines Textes in bestimmten Situationen beurteilen können h) bei Referaten eine den Voraussetzungen der Zuhörer angemessene Darstellungsweise wählen können i) Fachtexte bekannter Sachgebiete für nichtfachliche Adressaten umschreiben können

Verhaltens-weisen	a) Fachsprache nicht pauschal diskriminieren, sondern nach ihren Funktionen differenziert einschätzen
	b) Missbrauch von Fachsprache (zur Erhaltung von Exklusivität, zur Verschleierung und Manipulation) aufdecken
	c) als Betroffener sich nicht mit der Sprachbarriere abfinden, sondern auf „Übersetzung" bestehen (gegenüber dem Arzt, der Behörde, dem Techniker, dem Politiker, dem Vortragsredner usw.)
	d) im eigenen Sprachgebrauch (im Unterricht, im Beruf, im privaten Alltag usw.) zur Überwindung fachlicher Sprachbarrieren beitragen
	e) sprachliche Erscheinungen im Zusammenhang der historisch-gesellschaftlichen Wirklichkeit sehen
	f) Sprachverhalten als soziales Verhalten begreifen

Diese (und einige weitere) Teilkompetenzen machen also eine allgemeine wie besondere fachkommunikative Kompetenz aus, die angesichts der Verfachsprachlichung des Alltags und der zunehmenden fachsprachlichen Heterogenität einzelner Berufe als Grundlage einer erfolgreichen Kommunikation in der modernen Gesellschaft anzusehen ist. Angesichts ihrer Komplexität hinsichtlich struktureller Kenntnisse sowie pragmatischer, kognitiver und ethischer Teilkompetenzen darf im Weiteren jedoch kaum angenommen werden, dass eine solche Fachsprachenkompetenz quasi nebenbei, also ungesteuert zu erwerben ist.

Fachkommunikative Kompetenz als wichtige Voraussetzung für Erfolg in Alltag und Beruf

Dies gilt insbesondere auch im Hinblick auf die zu erwartende Bevölkerungsentwicklung: Es ist davon auszugehen, dass in naher Zukunft etwa die Hälfte der Schülerinnen und Schüler in Deutschland mit einem Migrationshintergrund aufwächst (Jeuk 2013: 13–25; vgl. Bildung in Deutschland 2012, 7). Die Herausforderungen eines Erwerbs des Deutschen als Zweitsprache (DaZ) sind im Allgemeinen einem Erwerb einer allgemeinen fachkommunikativen Kompetenz vorgelagert bzw. bestimmen diesen Erwerb maßgeblich mit (dies gilt auch dann, wenn die sprachlichen Kompetenzen der DaZ-Lernenden denjenigen der Schülerinnen und Schüler mit Deutsch als Muttersprache weitgehend entsprechen). Da Sprache letztlich als „das kulturelle Kapital für eine Bildungs- und Aufstiegskarriere" (Pätzold 2010, 1) anzusehen ist, gilt somit die Forderung:

Der Unterricht hat (sowohl allgemeine als auch besondere) fachsprachliche Kenntnisse und fachkommunikative Kompetenzen von Schülerinnen und Schülern zu fördern, um diese auf das Leben im Alltag und die Arbeit im Beruf vorzubereiten!

1.2.4 Fachkommunikative Anforderungen in Ausbildung und Beruf

Anforderungen im Beruf Diese Forderung nach der Vermittlung fachsprachlicher Kenntnisse und fachkommunikativer Kompetenzen wird durch die sprachlich-kommunikativen Anforderungen, die nicht allein an Studierende, sondern auch an Auszubildende diverser Berufe gestellt werden, unterstrichen. Diese Anforderungen sind in der Regel derart komplex, dass sie im Rahmen der Ausbildung allein kaum bewältigt werden können, sondern einer allgemeinen fachsprachlichen und -kommunikativen Grundlegung durch den Unterricht in der Schule bedürfen (insbesondere auch deshalb, weil sie in Ausbildung und Studium meist mehr oder weniger vorausgesetzt werden). Die genannte Ausbildungsverordnung zum Kraftfahrzeugmechatroniker/zur Kraftfahrzeugmechatronikerin (2007: 2) belegt diese vielfältigen und komplexen sprachlich-kommunikativen Anforderungen, indem mit „betrieblicher und technischer Kommunikation" und „Kommunikation mit internen und externen Kunden" ein intra- und ein interfachlicher Kommunikationsbereich unterschieden (§ 4 Abs. 2 Nr. 8-9) und im Weiteren näher charakterisiert wird (vgl. Tab. 1.3 nach Roelcke 2013a, 326f.).

Tab. 1.3: Kommunikationsbereiche Kraftfahrzeugmechatroniker/in (Bundesministerium der Justiz 2007: 9-10)

Betriebliche und technische Kommunikation (§ 4 Abs. 2 Nr. 8)		
	a)	Bedeutung der Information, Kommunikation und Dokumentation für den wirtschaftlichen Betriebsablauf beurteilen und zur Vermeidung von Störungen beitragen
	b)	betriebliches Informationssystem zum Bearbeiten von Arbeitsaufträgen anwenden und zur Beschaffung von technischen Unterlagen und Informationen nutzen
	c)	Gespräche mit Vorgesetzten, Mitarbeitern und in der Gruppe situationsgerecht führen, Sachverhalte darstellen sowie deutsche und englische Fachausdrücke anwenden
	d)	Kommunikation mit vorausgehenden und nachfolgenden Funktionsbereichen sicherstellen

	e) Datenträger handhaben und Datenschutz beachten; digitale und analoge Mess- und Prüfdaten lesen f) Fahrzeuge, Systeme, Bauteile und Baugruppen identifizieren g) Zeichnungen lesen und anwenden, Skizzen anfertigen h) Instandsetzungs-, Montage-, Inbetriebnahme- und Betriebsanleitungen, Kataloge, Tabellen sowie Diagramme lesen und anwenden i) Schaltpläne, Stromlaufpläne, Anschlusspläne, Anordnungspläne und Funktionspläne lesen und anwenden j) Funktionspläne fahrzeugpneumatischer und hydraulischer Steuerungen und Kraftübertragungen lesen und beachten k) Vorschriften und Richtlinien für die Verkehrssicherheit sowie für das Verhalten im Straßenverkehr anwenden
Kommunikation mit internen und externen Kunden (§ 4 Abs. 2 Nr. 9)	a) Kundenwünsche und Informationen entgegennehmen, im Betrieb weiterleiten und nach Vorgaben berücksichtigen b) Vorgaben für das Informieren über Instandhaltungsarbeiten beachten c) Vorgaben für das Informieren hinsichtlich der Bedienung des Zubehörs und der Zusatzeinrichtungen beachten, auf Sicherheitsregeln und Vorschriften hinweisen

Im Allgemeinen könnte die Kompetenz, solchen kommunikativen Anforderungen in vollem Umfang gerecht zu werden, auch ausschließlich im Rahmen der Ausbildung selbst erworben werden. Dennoch bleibt unbestritten, dass die Vermittlung fachsprachlicher Kenntnisse und fachkommunikativer Kompetenzen durch die Schule als Beitrag zur Vorbereitung auf diese Ausbildung sinnvoll erscheint – nicht zuletzt auch angesichts der zahlreichen und erheblichen Veränderungen, die in diesem Beruf künftig zu erwarten sind und dabei so etwas wie eine allgemeine fachsprachliche und fachkommunikative Kompetenz erforderlich machen.

Übung 1.3

In Tab. 1.3 werden diverse Kommunikationsbereiche im Berufsbild Kraftfahrzeugmechatroniker/in angeführt.

a) Ordnen Sie diesen Bereichen entsprechende Kompetenzen nach Abb. 1.2 und Tab. 1.2 zu.
b) Klären Sie die Bedeutung kognitiver und ethischer Kompetenzen fachlicher Kommunikation für das Berufsbild Kraftfahrzeugmechatroniker/in.

1.3 Fachsprache und Fachkommunikation in Bildungsstandards und Lehrwerken

Die begründete Forderung nach einer angemessenen Förderung fachsprachlicher Kenntnisse und fachkommunikativer Kompetenzen von Schülerinnen und Schülern im Unterricht ist eine Sache, deren Berücksichtigung an deutschen Schulen eine ganz andere. Dies zeigt ein Blick auf die Bildungsstandards und ein zugelassenes Lehrwerk des Landes Baden-Württemberg.

1.3.1 Bildungsstandards für das Fach Deutsch (Baden-Württemberg)

Deutsch in verschiedenen Schularten

Die Bildungsstandards (2004) des Landes Baden-Württemberg für das Fach Deutsch in der Grund-, Haupt-, Werkreal- und Realschule sowie im Allgemeinbildenden Gymnasium (vgl. Roelcke 2009a) umfassen folgende fachsprachlichen und fachkommunikativen Gesichtspunkte (vgl. Tab. 1.4), die hier aus Raumgründen zusammengefasst und auf dem betreffenden Abstraktionsniveau paraphrasiert werden (die genauen Formulierungen und Textnachweise finden sich in Roelcke 2009b):

Tab. 1.4: Synopse fachsprachlicher Inhalte und fachkommunikativer Kompetenzen in den Bildungsstandards des Landes Baden-Württemberg für das Fach Deutsch (nach Roelcke 2009a: 15f.; 2009b: 165); KS = Klassenstufe

	Hauptschule und Werkrealschule	Realschule	Allgemeinbildendes Gymnasium
KS 12	–	–	Gebrauch sprach- und literaturreflexiver Fachwörter / Analyse und Kritik von Fachtexten
KS 10	Korrekter Gebrauch von Fachwörtern / Gebrauch nichtsprachlicher	Unterscheidung sprachlicher Varietäten (Dialekte etc.) / Produktion	Unterscheidung von sprachlichen Varietäten / Gebrauch germanistischer

KS 9	Textelemente/ Unterscheiden von Fachtextsorten und deren Funktionen / Analyse und Kritik von Informationen	standardisierter Textsorten (Brief, Protokoll, Bewerbungsschreiben) / Vorstellungsgespräch	Fachwörter / Analyse fachsprachlicher Lexik, Grammatik und Texte / Einsatz verschiedener Vortrags- und Präsentationstechniken / Produktion schriftlicher Fachtexte (Lebenslauf, Bewerbung, Standardbrief)
	Unterscheiden von Sprachvarietäten / Fachwortschreibung / Festhalten von Arbeitsergebnissen / Unterscheiden von Fachtextsorten und deren Funktionen (*Geschäftsbrief / Lebenslauf, Bewerbung / Anzeige, Stichwortzettel, Praktikumsbericht, Unfallbericht, Protokoll, Versuchsbeschreibung, Formulare, Projektplanung, Stellungnahme u. a.*) / Produktion von Arbeitsanweisungen / Befragungen und Fragebögen (Berufserkundung, Expertenbefragung) / Vorstellungsgespräch / Erstellen einer Facharbeit		
KS 8		Korrekter Gebrauch von Fachwörtern / Produktion von Protokollen / Auseinandersetzung mit und Vorstellung von Sachbüchern	Gebrauch literaturreflexiver Fachwörter
KS 6	Rezeption von Arbeitsanweisungen / Präsentation von Arbeitsergebnissen / Auswahl von Sachbüchern	Auseinandersetzung mit und Vorstellung von Sachbüchern	Gebrauch sprach- und literaturreflexiver Fachwörter
	Grundschule		
KS 4	Gebrauch sprach- und literaturreflexiver Fachwörter / Produktion und Rezeption informierender Texte / Rezeption von Arbeitsanweisungen		
KS 2	Gebrauch sprachreflexiver Fachwörter / Gewinnung von Informationen / Rezeption von Arbeitsanweisungen		

Im Ganzen betrachtet, lassen die Bildungsstandards des Landes Baden-Württemberg einen klaren Willen erkennen, einen Beitrag zur Förderung fachsprachlicher Kenntnisse und fachkommunika-

Heterogenität und Pauschalität

tiver Kompetenzen von Schülerinnen und Schülern im Deutschunterricht zu leisten. Die Ansätze hierzu sind indessen unzureichend durchdacht; die Standards zeichnen sich vielmehr durch eine ganze Reihe an Problemen aus:
- Selektivität und Heterogenität im Hinblick auf angestrebte einzelne fachsprachliche Kenntnisse und fachkommunikative Kompetenzen; die zu fördernden Kenntnisse und Kompetenzen werden also nur in unsystematischer Auswahl angegeben. Hinzu kommt das (weitgehende) Fehlen eines echten Spiralcurriculums, also einer zyklisch aufeinander aufbauenden, kontinuierlichen Kompetenzerweiterung.
- Pauschalität (Unterspezifizierung) hinsichtlich struktureller Kenntnisse und Kompetenzen auf den Ebenen der Lexik, der Grammatik und des Textes sowie im Hinblick auf pragmatische Kompetenzen bei der Produktion und Rezeption von geschriebenen und gesprochenen Fachtexten; die zu fördernden Kenntnisse und Kompetenzen werden also bisweilen zu allgemein angegeben.
- (Weitgehendes) Fehlen weiterer pragmatischer sowie kognitiver und ethischer Gesichtspunkte wie zum Beispiel Leistungen und Schwächen von Fachsprachen, Übergänge zwischen Fach- und Gruppensprachen, Wissenstransfer zwischen Experten und Laien oder Überwindung von Kommunikationsbarrieren (etwa im Gespräch zwischen einem verunsicherten Patienten und einem gestressten Arzt oder zwischen einem Bürger mit einem persönlich wichtigen Anliegen und einem eher gelangweilten Behördenvertreter).

1.3.2 Lehrmaterial für das Fach Deutsch

Material für das Fach Deutsch an einer Realschule

Eine systematische Analyse von Unterrichtsmaterial hinsichtlich der Berücksichtigung und Vermittlung fachsprachlicher Kenntnisse und fachkommunikativer Kompetenzen liegt bislang nicht vor und stellt ein wichtiges Desideratum bzw. eine zentrale Aufgabe der fachsprachendidaktischen Forschung dar. Eine exemplarische Untersuchung der Bände 1 bis 6 von „wortstark", einem der führenden Lehrwerke für das Fach Deutsch an Realschulen im Land Baden-Württemberg, kommt zu dem – sicher nicht überraschenden – Ergebnis, dass die kommunikativen Kompetenzen, die Schülerinnen und Schüler erwerben sollen, vor allem in der

Gewinnung und Weitergabe von Informationen bestehen (vgl. Roelcke 2013a):
- So gelten einige Unterrichtseinheiten der Textrecherche im Sinne einer Suche und Beurteilung von Texten und der darin enthaltenen Informationen (unter besonderer Berücksichtigung von Nachschlagewerken und dem Internet).
- Weitere Einheiten sind der Rezeption von Fach- bzw. Sachtexten gewidmet, indem diverse Lesetechniken und Texterschließungsverfahren zur Verarbeitung von Informationen eingeführt und geübt werden.
- Die Produktion von Fach- und Sachtexten findet mit der Einführung verschiedener Präsentationstechniken und einiger Textsorten (Kurzvortrag, Podiumsdiskussion, Referat) Berücksichtigung.
- Fachsprachliche und -kommunikative Besonderheiten, denen in dem Lehrwerk Beachtung geschenkt wird, sind vor allem die Klärung und die Verwendung (einschließlich der Definition) von Fachwörtern sowie die Produktion und die Rezeption von Graphiken (insbesondere von Diagrammen und Mindmaps).
- Mit Bezug auf die bevorstehende Berufswahl und Ausbildung, insbesondere auch mit Unterrichtseinheiten zu Expertenbefragungen, Bewerbungsschreiben und Vorstellungsgesprächen, knüpfen die Unterrichtseinheiten der höheren Klassenstufen gezielt an die Lebenswelt der Schülerinnen und Schüler an und leisten damit einen gezielten Beitrag zur Ausbildungsvorbereitung.

Im Ganzen betrachtet nimmt das Lehrwerk somit eine sinnvolle Spezifikation der Vorgaben aus den Bildungsstandards des Landes vor, wobei durchaus eine spiralcurriculäre Anlage zu erkennen ist, die durch das regelmäßig vertiefende Wiederaufgreifen von Lerninhalten eine kontinuierliche Kompetenzerweiterung erlaubt. Durch den letztlich ganzheitlichen Ansatz der Verarbeitung von Informationen aus und in Sach- und Fachtexten wird indessen der Reflexion fachsprachlicher Besonderheiten und deren Funktion nur wenig Raum gegeben: Strukturelle Kenntnisse auf den Ebenen Lexik, Grammatik und Text werden allenfalls am Rande angestrebt; weitere pragmatische, kognitive und ethische Aspekte wie Leistungen und Schwächen von Fachsprachen, Über-

Probleme und Perspektiven

gänge zwischen Fach- und Gruppensprachen, der Wissenstransfer zwischen Experten und Laien oder die Überwindung von Kommunikationsbarrieren finden keine nennenswerte Beachtung. Auf diese Weise setzt das Werk zwar die (nicht unproblematischen) Vorgaben der Bildungsstandards tatsächlich in erfolgreicher Weise um, wird jedoch der sprachdidaktisch fundierten Forderung nach der Vermittlung einer fachkommunikativen Kompetenz nicht in vollem Umfang gerecht.

1.3.3 Bildungsstandards für die Fächer Physik und Technik (Baden-Württemberg)

Physik und Technik an verschiedenen Schularten

Weder die Bildungsstandards noch das zugelassene Unterrichtsmaterial für das Fach Deutsch garantieren also eine hinreichende Förderung fachsprachlicher Kenntnisse und fachkommunikativer Kompetenzen (was hier exemplarisch für das Land Baden-Württemberg beschrieben wird, lässt sich auch auf andere Bundesländer übertragen). Daher stellt sich hier im Weiteren die Frage, ob ggf. der Unterricht in Sachfächern eine entsprechende Ergänzung bietet. Eine Untersuchung von ausgesuchten Bildungsstandards für die Fächer Physik und Technik (bzw. entsprechender Fächerverbünde) an Schulen in Baden-Württemberg (Roelcke 2014) kommt hier jedoch kaum zu einem besseren Ergebnis (vgl. Tab. 1.5).

Tab. 1.5: Synopse fachsprachlicher Inhalte und fachkommunikativer Kompetenzen in den Bildungsstandards des Landes Baden-Württemberg für die Fächer Physik und Technik sowie entsprechender Fächerverbünde
MeNuK = Mensch, Natur und Kultur; MNT = Materie – Natur – Technik; NuT = Natur und Technik; NWA = Naturwissenschaftliches Arbeiten; Te = Technik; TA = Technisches Arbeiten; NL = Naturwissenschaften: Leitgedanken; Ph = Physik; NPh = Naturphänomene; NmT = Naturwissenschaft und Technik (nach Roelcke 2014a)

	Grundschule	Werkrealschule		Realschule			Gymnasium			
Förderung	Me-NuK	MNT	NuT	NWA	Te	TA	NL	Ph	NPh	NwT
Allgemeine Kenntnisse und Kompetenzen	X						X	X		

Schulfremdsprache Englisch	X			X						X
Gendersensibler Sprachgebrauch					X					
Richtige und angemessene Fachsprache		X	X	X	X			X	X	X
Dokumentationen und Präsentationen		X	X		X					X
Rezeption u. Produktion von Fachtexten							X	X		X
Verstehen von appellierenden Fachtexten			X							
Informations- beschaffung und -auswertung				X	X				X	
Vermittlung von Fachinhalten an Laien			X							
Richtiger u. angemess. Terminusgebrauch			X		X					
Herkunft und Entwicklung von Termini									X	
Terminologische Vereinheitlichung				X						X
Umgang mit Graphiken, Symbolen und Formeln				X			X	X		

Im Ganzen betrachtet zeigen die Bildungsstandards mindestens drei Schwerpunkte, die aus fachsprachlinguistischer wie auch aus fachsprachendidaktischer Sicht durchaus sinnvoll erscheinen:

Rezeption und Produktion von Fachtexten

- Orientierung an der Rezeption von Fachtexten: Kompetenzförderung im Hinblick auf die Beschaffung und Rezeption von Fachtexten (dabei finden sowohl darstellende als auch anleitende Texte Berücksichtigung);
- Orientierung an der Produktion von Fachtexten: Förderung von Kompetenzen in der Dokumentation und Präsentation fachlicher Gegenstände und Sachverhalte (dabei werden Experten und Laien als mögliche Adressaten berücksichtigt);
- Orientierung am Fachwortschatz: Förderung von Kenntnissen in Bezug auf Reichtum und Dynamik fachlicher Terminologie.

Heterogenität und Pauschalität

Daneben zeichnen die Bildungsstandards sich jedoch durch mindestens drei Problemfelder aus:
- Pauschalität bzw. Unterspezifizierung: Sie enthalten wiederholt zu allgemeine Angaben (so etwas wie: richtiger und angemessener Gebrauch).
- Selektivität bzw. Überspezifizierung: Konkrete Angaben zeichnen sich oft durch Lücken aus (keine Angaben zu Grammatik und Text, selektive zur Lexik).
- Heterogenität bzw. Uneinheitlichkeit: Ein systematischer Kompetenzfortschritt ist nicht vorgesehen (es finden sich kaum spiralcurriculäre Ansätze).

Als weitere Probleme dürfen schließlich die weitgehend muttersprachliche sowie die geringe pragmatische Orientierung der Standards angesehen werden: Die fachsprachlichen Anforderungen, die von dem hohen Anteil an Schülerinnen und Schülern mit einem Migrationshintergrund an den Unterricht in den Sachfächern gestellt werden, finden in den Standards kaum Erwähnung (auch wenn sich die allgemeinsprachlichen Kompetenzen mutter- und nichtmuttersprachlicher Schülerinnen und Schüler im Deutschen derzeit einander nähern, bleiben fachsprachliche Besonderheiten im Bereich „Deutsch als Zweitsprache" nach wie vor von Bedeutung). Dies gilt auch für diverse Funktionen von Fachsprachen, Übergänge zwischen Fach- und Gruppensprachen, die Überwindung von sprachlichen Barrieren oder den Einsatz fachlichen Schreibens als ein Mittel des fachlichen Denkens.

1.4 Didaktik der Fachsprachen und der Fachkommunikation

Dem erkennbaren Willen von Politik und Verlagen und deren Streben nach einer Förderung fachsprachlicher Kenntnisse und fachkommunikativer Kompetenzen von Schülerinnen und Schülern steht also meist eine verhältnismäßig unsystematische, wenn nicht unzureichende Durchführung gegenüber (eine positive, wenn auch nicht umfassend angelegte Ausnahme bildet hier das fachsprachendidaktische Material von Ohm/Kuhn/Funk 2007, das gezielt als Fachsprachendidaktik für Jugendliche mit Migrationshintergrund angelegt ist und sich an Schülerinnen und Schüler an Berufskollegs richtet; vgl. jüngst auch Fearns/Buhlmann 2013). Anlässlich dieses Befundes ist nun zu fragen, ob und ggf. wie Fachsprachendidaktik überhaupt einen Beitrag zur Förderung fachsprachlicher Kenntnisse und fachkommunikativer Kompetenzen leisten kann.

1.4.1 Sprachreflexion und Kommunikationsförderung im Sprach- und Fachunterricht

Um sich einer Antwort auf die Frage nach dem Beitrag von Unterricht zur Förderung fachsprachlicher Kenntnisse und fachkommunikativer Kompetenzen zu nähern, sollen diese zunächst näher verortet und aufeinander bezogen werden (vgl. Abb. 1.3). Dabei ist zum einen zwischen dem Sprachunterricht (dem Deutschunterricht wie dem fremdsprachlichen Unterricht – insbesondere im Fach Englisch) und dem Fachunterricht (etwa in Mathematik, Physik oder Geschichte) und zum anderen zwischen Kommunikationsförderung (im Sinne sprachlichen Handelns) und Sprachreflexion (im Sinne bewusster Auseinandersetzung mit Sprache) zu unterscheiden.

Zentrale Faktoren fachsprachenbezogenen Unterrichts

1 Relevanz einer Vermittlung von Fachsprachen im Unterricht

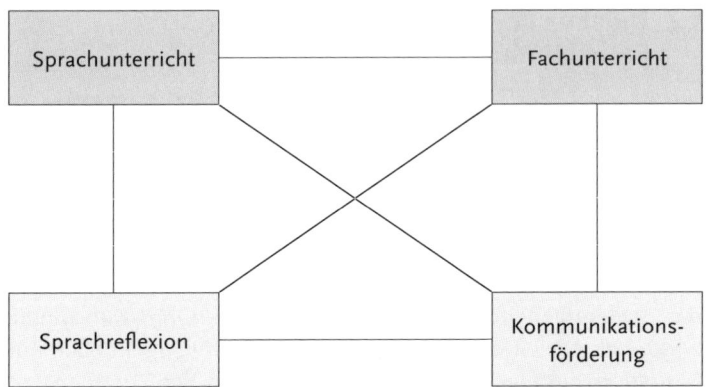

Abb. 1.3 | Kommunikationsförderung und Sprachreflexion im Sprach- und Fachunterricht (nach Roelcke 2013a, 337)

- Sowohl der Sprachunterricht (in der Mutter- wie in einer Fremdsprache) als auch der Fachunterricht (in mathematisch-naturwissenschaftlichen und technischen wie auch in geistes- und sozialwissenschaftlichen Fächern) tragen hiernach zu einer *Förderung fachsprachlicher Kommunikation* bei, indem Fachsprachen in Fachkommunikation schriftlich wie mündlich produziert und rezipiert und in diesem Rahmen gelernt werden. Letztlich hat die Förderung fachsprachlicher Kommunikationskompetenz als das primäre Ziel jeder fachsprachendidaktischen Bemühung zu gelten. – Dabei darf die Bedeutung des Fachunterrichts (neben derjenigen des Sprachunterrichts) bei der Vermittlung von fachsprachlichen Kenntnissen und fachkommunikativen Kompetenzen nicht unterschätzt werden: Denn durch den authentischen Gebrauch von Fachsprache, wie er im Fachunterricht gefordert wird, wird die fachkommunikative Kompetenz maßgeblich gefördert.
- Daneben ermöglichen der Sprach- wie der Fachunterricht aber auch die *Reflexion von Fachsprachen und Fachkommunikation*, indem sie den fachlichen Sprachgebrauch und dessen Besonderheiten im eigenen Fach zum Gegenstand der Betrachtung machen. Im muttersprachlichen bzw. Deutschunterricht kommen Beobachtungen und Überlegungen zu fachübergreifenden, allgemeinen Charakteristika hinzu; im fremdsprachlichen Unterricht ist demgegenüber Raum für

sprachvergleichende und interkulturelle Ansätze und Bemühungen.
- *Sprach- und Fachunterricht* stützen sich im Idealfall wechselseitig, da mit der Kommunikation in und mit der Reflexion von Fachsprachen einzelner Sprach- und Sachfächer die Grundlage für den Erwerb einzelner wie auch allgemeiner, übergreifender fachsprachlicher Kenntnisse und fachkommunikativer Kompetenzen geschaffen wird. Einem fächerübergreifenden Unterricht zwischen Sach- und Sprachfächern sowie dem Fachunterricht in einer Fremdsprache kommt dabei eine besondere Bedeutung zu (Immersion; Bilingualer Sach-/Fachunterricht; Content and Language Integrated Learning, CLIL; vgl. zu diesen Modellen Kap. 4).
- Im Weiteren stützen sich *Kommunikationsförderung und Sprachreflexion* ebenfalls wechselseitig. So bildet eine tendenziell hohe (rezeptive) Kompetenz fachsprachlicher Kommunikation sicher eine gute Basis für eine erfolgreiche Reflexion von Fachsprache und Fachkommunikation. Und umgekehrt mag ein reflektierter Umgang mit Fachsprache im Rahmen fachlicher Kommunikation zu einer Verbesserung der kommunikativen Kompetenz selbst beitragen – nicht zuletzt dann, wenn bewusst vollzogene Prozesse nach und nach verselbständigt werden (vgl. die Studie des DESI-Konsortiums 2006; Gibbons 2009).

1.4.2 Methodische Grundsätze

Diese grundsätzlichen didaktischen Überlegungen sind durch eine ganze Reihe methodischer Gesichtspunkte zu ergänzen (vgl. Buhlmann/Fearns 2000: 81–125; Fluck 1992: 1–27; Hutchinson/Waters 1987: 79–156):

Sprachreflexion und Kommunikationsförderung

- Im Hinblick auf eine gezielte Förderung von rezeptiven fachkommunikativen Kompetenzen sind die Einführung und vor allem die Übung diverser Texterschließungsmodelle und Lesestrategien von erheblicher Bedeutung. Im Falle einer Förderung produktiver (wie rezeptiver) Kompetenz ist hier insbesondere auf das so genannte Scaffolding-Modell nach Gibbons (2002; 2009) hinzuweisen, in dessen Rahmen fachkommunikative Kompetenzen sukzessive aufgebaut werden und sich dabei am kommunikativen Bedarf sowie an den strukturellen

Kenntnissen und Kompetenzen der Lernenden orientieren. – Der vorliegende Band misst dem Konzept des Scaffolding eine besondere Bedeutung zu (vgl. Kap. 4 u. 5).

- Im Falle der Reflexion von Fachsprachen und Fachkommunikation ist eine funktionale Fachsprachendidaktik zu fordern, die nicht formale Besonderheiten, sondern funktionale Anforderungen fachlicher Kommunikation zum Ausgangspunkt der Betrachtungen und Überlegungen macht. Nur so erscheint es möglich, dass fachsprachliche und fachkommunikative Kenntnisse zunächst durch eine bewusste Umsetzung und dann durch eine sukzessive Verselbständigung zu einer erweiterten Kompetenz beitragen. – Der vorliegende Band fühlt sich einem solchen funktionalen Zugang ebenfalls verpflichtet (vgl. Kap. 2).
- Bei all diesen methodischen Ansätzen scheint nach dem gegenwärtigen (durchaus zu hinterfragenden) Stand der Sprachdidaktik ein hoher Grad an Autonomisierung und Individualisierung des Lernprozesses von großem Vorteil zu sein: Ein hoher Selbstlernanteil, etwa als computer assisted language learning (CALL) in Verbindung mit angemessener Präsenzlehre im Rahmen von blended learning (BL), trägt hiernach im Allgemeinen zur Motivation von Lernenden bei und erlaubt eine Binnendifferenzierung des Unterrichts, die individuellen Stärken und Schwächen der Lernenden Rechnung trägt.

Hiernach ist eine Förderung einzelfachlicher wie fächerübergreifender, allgemeiner fachsprachlicher Kenntnisse und fachkommunikativer Kompetenzen durch eine Verbindung von Sprachreflexion und Kommunikationsförderung vor allem im muttersprachlichen Deutschunterricht, aber auch im fremdsprachlichen Unterricht (insbesondere im Fach Englisch) sowie im Unterricht der verschiedenen Sachfächer denkbar und im Rahmen einer abwechslungsreichen wie alltagsnahen Lernumgebung zu fordern. – Methodische Ecksteine bilden dabei unter anderem:

a) Texterschließungsmodelle und Lesestrategien,
b) das hier besonders berücksichtigte Scaffolding, bei dem sowohl die Rezeption als auch die Produktion fachsprachlicher Texte gefördert werden, sowie
c) die hier ebenfalls angestrebte funktionale Fachsprachenreflexion bei
d) einem hohen Maß an Autonomisierung und Individualisierung des Lernprozesses.

Wie der erneute (exemplarische) Blick auf Bildungsstandards und Lehrwerke (des Landes Baden-Württemberg) zeigt, steht diesem didaktischen und methodischen Potential von Unterricht jedoch eine oftmals unzureichende Realisierung gegenüber. An diesem Punkt wird deutlich, dass zurzeit erhebliche Desiderata bzw. Herausforderungen einer Didaktik der Fachsprachen und der Fachkommunikation an Schulen in der Bundesrepublik Deutschland bestehen, die im Interesse der betroffenen Schülerinnen und Schüler aufgearbeitet werden sollten. – Der vorliegende Band will hierzu einen Beitrag leisten.

Übung 1.4

In Roelcke (2009a: 8; 2009b: 133) wird in Anlehnung an Hoberg (1998: 955) das Verhältnis zwischen fachlicher Sprachreflexion und Kommunikationsförderung im Sprach- und Sachunterricht in einem Baumgraphen erfasst (vgl. Abb. 1.4).

a) Erläutern Sie diese graphische Darstellung ausführlich!
b) Erörtern Sie die Rolle, die fachsprachlicher Reflexion hier zukommt!
c) Vergleichen Sie das vorliegende Modell mit demjenigen in Abb. 1.3!
d) Weisen Sie nach, dass das Modell in Abb. 1.3 dem in Abb. 1.4 überlegen ist!

1 Relevanz einer Vermittlung von Fachsprachen im Unterricht

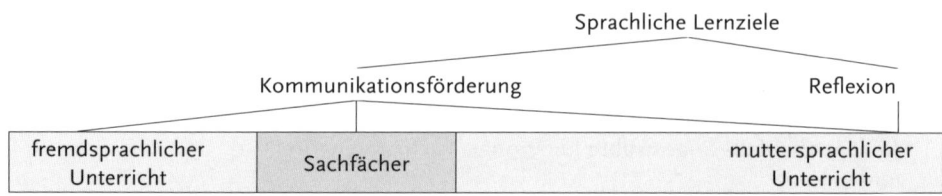

Abb. 1.4 | Fachsprachen im Unterricht nach Lernzielen (Roelcke 2009a: 8; 2009b: 133)

Zusammenfassung

Die Kommunikation in der Bundesrepublik Deutschland ist seit dem Ende des 20. Jh.s durch eine zunehmende Verwissenschaftlichung, Technisierung und Institutionalisierung der Alltagssprache bestimmt; dies zeigt sich insbesondere am Gebrauch von zahlreichen Fachwörtern und Fachtexten unterschiedlicher Fachbereiche. Daneben zeigt hier auch die Fachkommunikation in Studium und Beruf eine weitreichende Dezentralisierung, Differenzierung und Dynamisierung. Diese Pluralität von Fachsprachen im Alltag und im Beruf und die damit verbundenen fachkommunikativen Anforderungen machen eine Vielzahl fachsprachlicher Kenntnisse (hinsichtlich Wortschatz, Grammatik und Text) sowie fachkommunikativer Kompetenzen (in pragmatischer, kognitiver und ethischer Hinsicht) jedes Einzelnen erforderlich. Ein Blick auf die Bildungsstandards des Landes Baden-Württemberg und die Durchsicht eines etablierten Lehrwerks machen deutlich, dass die Förderung von fachsprachlichen Kenntnissen und fachkommunikativen Kompetenzen in der Schule keine hinreichende Beachtung erfährt. Dabei lassen Heterogenität, Pauschalität und Selektivität einzelner Ausbildungsinhalte sowie das weitgehende Fehlen kognitiver und ethischer Aspekte zahlreiche Desiderata bzw. Herausforderungen entstehen, denen sich eine Didaktik fachlicher Kommunikation im Unterricht künftig zu stellen hat. Eine Förderung fachsprachlicher Kenntnisse und fachkommunikativer Kompetenzen hat im Rahmen von Sprach- wie Fachunterricht zu erfolgen und sowohl Kommunikationsförderung als auch Sprachreflexion zu umfassen; methodische Grundsätze bilden dabei der aktive Erwerb von Rezeptions- und Produktionsstrategien (insbesondere im Rahmen von Scaffolding), die funktionale Reflexion und Übung fachsprachlicher und fachkommunikativer Charakteristika sowie ein hoher Grad an Autonomisierung und Individualisierung von Lernprozessen.

Weiterführende Literatur

Germanistische Sprachwissenschaft: Auer 2013; Busch/Stenschke ²2008; Kessel/Reimann 2005; Linke [et al.] ⁵2004.
Fachsprachen und Fachkommunikation: Fluck 1996; Hoffmann/Kalverkämper/Wiegand 1998f.; Roelcke 2010; Rothkegel 2010.
Sprachdidaktik: Ossner ²2008; Steinig/Huneke ⁴2011.
Didaktik von Fachsprachen: Buhlmann/Fearns ⁶2000; Fluck 1992; Hutchinson/Waters 2009; Ohm/Kuhn/Funk 2007; Roelcke 2013c.
Deutsch als Fremd- und als Zweitsprache: Huneke/Steinig ⁶2013; Jeuk 2013; Kniffka 2013; Kniffka/Siebert-Ott ³2012; Roche 2008; Roelcke 2013b; Rösler 2012.
GRAMMIS (Grammatisches Informationssystem des Instituts für deutsche Sprache in Mannheim, IDS).

Testfragen

1) Was ist unter Verwissenschaftlichung, Technisierung und Institutionalisierung der Alltagssprache zu verstehen?
2) Worin bestehen Dezentralisierung, Differenzierung und Dynamisierung von Fachkommunikation?
3) Welche strukturell-formalen Charakteristika von Fachsprachen auf den Ebenen des Wortschatzes, der Grammatik oder des Textes kennen Sie?
4) Wie treten pragmatische, kognitive und ethische Kompetenzen fachlicher Kommunikation zu Tage?
5) Worin bestehen Heterogenität sowie Pauschalität und Selektivität der Bildungsstandards Baden-Württemberg hinsichtlich Fachsprache und Fachkommunikation?
6) Wie das Verhältnis zwischen Sach- und Sprachunterricht im Rahmen der Förderung fachsprachlicher Kenntnisse und fachkommunikativer Kompetenzen zu beschreiben?
7) In welchem Verhältnis stehen fachliche Sprachreflexion und fachliche Kommunikationsförderung im Unterricht?
8) Welche methodischen Grundsätze der Fachsprachenvermittlung gelten im Hinblick auf Sprachreflexion und Kommunikationsförderung?

Von der Bildungssprache zu einer fachkommunikativen Kompetenz | 2

Im bildungspolitischen Diskurs der Bundesrepublik Deutschland haben der Begriff „Bildungssprache" und das Begriffspaar „Basic Interpersonal Communicative Skills (BICS) und Cognitive Academic Language Proficiency (CALP)" seit einigen Jahren einen festen Platz. Sie werden vor allem in der Diskussion um die Förderung der Sprachkompetenz von Schülerinnen und Schülern, die Deutsch als Zweitsprache sprechen, verwendet: Die Beherrschung von Bildungssprache bzw. Kompetenzen in CALP, so der Grundgedanke, bilden die Voraussetzung für Schulerfolg und gesellschaftliche Teilhabe, unzureichende bildungssprachliche Kompetenzen sind für schulisches Scheitern mitverantwortlich. Dieser Zusammenhang gilt, wie neuere Untersuchungen zeigen, für alle Schülerinnen und Schüler gleichermaßen, unabhängig vom Migrationshintergrund und davon, ob Deutsch Erst- oder Zweitsprache ist. Der sozioökonomische Status, die Bildungsnähe bzw. Bildungsferne des Elternhauses und die damit assoziierten sprachlichen Praktiken sind hier stärker wirksam.

Der Begriff der Bildungssprache wird aktuell von Vertretern unterschiedlicher Disziplinen verwendet, in die jüngere Diskussion wurde er über das BLK-Modellprogramm FörMig (vgl. Gogolin 2006, „Bildungssprache der Schule") im Kontext der Entwicklung von Konzepten zur Förderung bildungssprachlicher Kompetenzen bei Kindern und Jugendlichen mit Migrationshintergrund (wieder) eingeführt.

Außer „Bildungssprache" werden in jüngerer Zeit auch „Schulsprache" und „allgemeine Fachsprachenkompetenz" diskutiert und die etablierten Begriffe BICS und CALP finden sich auch heute noch in vielen Arbeiten. Im Folgenden werden einige der aktuellen Auffassungen zusammengefasst. Für eine ausführliche Diskussion sei verwiesen auf Gogolin et al. (Hrsg.) 2013 und Roelcke (2010³).

Übung 2.1

„Die Sprache der Schule ist eine besondere, elaborierte Sprache, für die sich verschiedene Begriffe etabliert haben (z.B. Bildungssprache, schulische Fachsprache, Schulsprache oder konzeptionelle Schriftlichkeit), die nicht immer dasselbe bezeichnen und die auf unterschiedliche Diskurse Bezug nehmen." (Beese & Benholz 2013, 38).

Welche Vorstellungen verbinden Sie mit den hier aufgeführten Termini? Führen Sie Gemeinsamkeiten und Unterschiede auf.

2.1 Bildungssprache

Prägend für eine der gängigen Auffassungen von Bildungssprache ist Jürgen Habermas, der sich in einem Vortrag 1977 mit diesem Konzept, unter Rückgriff auf Vorstellungen Max Schelers, auseinandersetzt. Habermas grenzt Bildungssprache von der Umgangssprache, der Fachsprache und der Wissenschaftssprache ab:

Habermas 1977

- Als Umgangssprache bezeichnet er die Sprache, die Angehörige einer Sprachgemeinschaft im Alltag, im täglichen Umgang miteinander verwenden.
- Fachsprachen setzen spezielle Kenntnisse voraus, sie „erlauben für spezielle Lebensbereiche eine größere Präzision der Rede" (Habermas 1977, 38).
- Wissenschaftssprache ist nach Habermas durch einen hohen Grad an Normierung, einen kontextfreien Gebrauch der Termini und deren Einbettung in einen bestimmten theoretischen Zusammenhang charakterisiert. Sie muss sich für „die Funktion der tatsachenfeststellenden Rede und speziell für die Prüfung von Aussagen eignen" (a.a.O.).

Bildungssprache nimmt in diesem Gefüge – Habermas zufolge – eine Mittlerrolle ein. „Die Bildungssprache ist ein Medium, durch das Bestandteile der Wissenschaftssprache von der Umgangssprache assimiliert werden" (Habermas 1977, 40).

> *„Sie [die Bildungssprache] unterscheidet sich von der Umgangssprache durch die Disziplin des schriftlichen Ausdrucks und durch einen differenzierteren, Fachliches einbeziehenden Wortschatz; andererseits unterscheidet sie sich von der Fachsprache dadurch, dass sie grundsätzlich für alle offensteht, die sich mit den Mitteln der Schulbildung ein Orientierungswissen verschaffen können." (Habermas 1977, 39)*

Mit der fortschreitenden Weiterentwicklung (= zunehmende Technisierung) der Wissenschaften ändern sich zwangsläufig die Termini, die in die Bildungssprache eindringen, wie Habermas aufzeigt (vgl. Kap. 1.1.1). Doch ändern sich damit nicht allein die Inhalte des handlungsorientierenden Wissens, es ändert sich die Strukturierung des Wissens: „die Art und Weise, *wie* etwas gewusst wird" (Habermas 1977, 46).

Bezeichnend für die Habermas'sche Auffassung von Bildungssprache ist:
- die Mittlerrolle, die sie einnimmt zwischen Wissenschafts-/ Fachsprache und Umgangssprache,
- ihre Orientierung an konzeptionell-schriftsprachlichen Normen (vgl. hierzu unten),
- ihre epistemische Funktion und
- ihr Einfluss auf die Struktur des mentalen Lexikons bzw. auf kognitive Strukturen.

Gogolin 2006

Gogolin 2006 greift den Habermas'schen Terminus Bildungssprache auf und verwendet ihn im engeren Sinne als „Bildungssprache der Schule". Sie bezieht sich hierbei explizit auf Cummins' Begriff der cognitive academic language proficiency (CALP) und möchte „Bildungssprache der Schule" als deutsches Pendant dazu verstanden wissen.

Das Konstrukt „Bildungssprache der Schule" ist nach Gogolin eine Ausprägung, ein Modus der konzeptionellen Schriftlichkeit, wie etwa durch Koch und Österreicher 1985, Biber 1988 oder Halliday 1988 beschrieben. Konzeptionell-schriftlicher Sprachgebrauch ist im Vergleich zum alltäglichen mündlichen Sprachgebrauch – allgemein – charakterisiert durch Situationsentbundenheit, ein höheres Maß an Informationsdichte und Verweisstrukturen, elaboriertere Register und differenziertere, merkmalsreichere Lexik. (Vgl. dazu auch Kap. 3.)

Feilke 2012, 2013

Nach Feilke (2012, 2013) wird mit dem Terminus *Bildungssprache* ein sprachliches Register in literalen Kulturen bezeichnet. Wie Habermas und Gogolin weist er das Register Bildungssprache dem Bereich der konzeptionellen Schriftlichkeit zu. Dies ist mit bestimmten sprachlichen Anforderungen an den Sprachbenutzer verbunden. Während in der überwiegenden Mehrzahl der Publikationen zur Bildungssprache die Merkmale dieses Registers auf Oberflächenphänomene wie Morphosyntax und Lexik reduziert werden, schließen Feilkes Überlegungen den Gebrauch bestimmter *Sprachhandlungen* mit ein:

> „Was unter dem Stichwort „Bildungssprache in den Blick genommen wird, das sind die besonderen sprachlichen Formate und Prozeduren einer auf Texthandlungen wie Beschreiben, Vergleichen, Erklären, Analysieren, Erörtern etc. bezogenen Sprachkompetenz, wie man sie im schulischen und akademischen Bereich findet." *(Feilke 2012, 5)*

Bildungssprache ist hiernach also nicht, wie bei Gogolin (vgl. o.), an einen schulischen Kontext allein gebunden, kann aber didaktisch genutzt werden, da sie die Darstellung komplexer Sachverhalte ermöglicht und somit das Lernen unterstützen kann. (Feilke 2013, 118)

Morek und Heller 2012 fassen die wichtigsten Punkte der aktuellen Diskussion und insbesondere die unterschiedlichen Perspektiven auf Bildungssprache zusammen und präsentieren die nachstehende Kategorisierung der Funktionen von Bildungssprache (Morek/Heller 2012, 70):

Morek & Heller 2012

a) Kommunikative Funktion: Bildungssprache dient als Medium von Wissenstransfer.
b) Epistemische Funktion: Bildungssprache dient als Werkzeug des Denkens.
c) Ungleichheitsproduzierende / Sozialsymbolische Funktion: Bildungssprache dient als Eintrittskarte zur gesellschaftlichen Partizipation und als Mittel zur sozialen Positionierung von Sprachbenutzern.

Aus jüngeren Forschungsbeiträgen, die das Register Bildungssprache anhand ihrer sprachlichen (Oberflächen-)Merkmale zu beschreiben versuchen, wird eine Liste der Gemeinsamkeiten zusammengetragen, vgl. u. Übung 2.2.

Übung 2.2

Sehen Sie sich die Tabelle aus Morek & Heller 2012 an und ergänzen Sie die angeführten Merkmale um eigene Beispiele.

Tab. 2.1: Merkmale von Bildungssprache, Morek/Heller 2012, 73

Lexikalisch-semantische Merkmale
- Qualität der Lexik: differenzierend, spezifizierend, z.B.
  - Präfixverben (z.B. *erhitzen, sich entfalten, sich beziehen*)
  - nominale Zusammensetzungen (z.B. *Winkelmesser*)
  - normierte Fachbegriffe (z.B. *rechtwinklig, Dreisatz*)
- hohe lexikalische Dichte, z.B.
  - lexikalische Subjekte statt Pronomen- ausgebaute Nominalphrasen (s.u.) und Nominalisierungen (z.B. *Die Entstehung der Säure*)

Syntaktische Merkmale
- Segmentierung von Propositionen in Sätze (statt prosodisch)
- Herstellung lokaler Kohärenz durch
  - Kohäsionsmarkierungen (z.B. Konnektivpartikel, Konjunktoren)
  - Satzgefüge (z.B. Konjunktionalsätze, Relativsätze, erweiterte Infinitive)
  - umfängliche Attribute (z.B. *die nach oben offene Richter-Skala*)
  - Funktionsverbgefüge (z.B. *zur Explosion bringen, einer Prüfung unterziehen*)
- Modus der Repräsentation:
  - Konjunktiv
  - Deklarativsätze
  - unpersönliche Konstruktionen (z.B. Passiv)

Diskursive Merkmale
- eine klare Festlegung von Sprecherrollen und Sprecherwechsel
- ein hoher Anteil monologischer Formen (z.B. Vortrag, Referat, Aufsatz)
- fachgruppentypische Textsorten (z.B. Protokoll, Bericht, Erörterung)
- stilistische Konventionen (z.B. Sachlichkeit, logische Gliederung, angemessene Textlänge)

Eine reine Betrachtung von sprachlichen Oberflächenphänomenen des „Registers Bildungssprache", wie in der o.a. Tabelle abgebildet, muss jedoch als unzureichend gelten, da hier formale gegenüber funktionalen Gesichtspunkten zu stark betont werden (vgl. Roelcke 2015). Darüber hinaus betonen Morek und Heller, dass die sozialsymbolische und die epistemische Funktion der Verwendung von Bildungssprache damit nicht erfasst werden.

> *„Bildungssprache muss also nicht nur als Kommunikationsmedium und Werkzeug des Denkens betrachtet werden [...], sondern auch in seiner Funktion als Mittel der sozialen Positionierung innerhalb von Kommunikationssituationen."* (Morek & Heller 2012, 79)

Mit der sozialsymbolischen Funktion eng verknüpft ist die identitätsstiftende Funktion sprachlicher Verhaltensweisen, wie sie etwa bei der Verwendung jugendsprachlicher Muster bei Schülerinnen und Schülern zu beobachten ist. Das heißt, mit der Verwendung eines bestimmten Registers ordnet sich der Sprecher oder die Sprecherin, bewusst oder unbewusst, der jeweiligen sozialen Gruppe bzw. „community" von Sprachbenutzern zu. Umgekehrt können Register aber auch bewusst vermieden werden: Wenn also Schülerinnen und Schüler „Bildungssprache" in einer Situation, die sie erfordert, nicht verwenden, so muss dies nicht unbedingt auf mangelnde Beherrschung dieses Registers hindeuten, sondern kann darin begründet sein, dass die Sprecherinnen oder Sprecher sich der sozialen Gruppe der Bildungssprachenbenutzern nicht zugehörig fühlen (wollen), vgl. hierzu beispielsweise Preece 2009, die diese sprachliche Verhaltensweise bei jungen Migrantinnen beobachtet: „...striving for high academic achievement involves young women in performing a balancing act in that they need to attain success in a realm strongly oriented to discourses of rationality and masculinity while maintaining conventions associated with traditional femininity." (Preece 2009, 94)

Menschliche Sprachtätigkeit, und damit auch die Verwendung von Bildungssprache, ist Teil gesellschaftlichen Handelns (vgl. Feilke 2012). Dies geschieht allerdings nie isoliert – gesellschaftliches und damit sprachliches Handeln ist stets in einen Kontext eingebettet. Damit ist eine weitere Dimension bezeichnet, die zu berücksichtigen ist: der „interaktive Rahmen", in dem Bildungssprache der Konvention nach verwendet wird. Um diesem wichtigen und grundsätzlichen Aspekt stärker Rechnung zu tragen, schlagen Morek & Heller vor, statt von „Bildungssprache" von „bildungssprachlichen Praktiken" zu sprechen (a.a.O. 89).

Bildungssprachliche Praktiken

„Das Konzept der ‚Praktiken' bezeichnet sozial geregelte und verfestigte sprachlich-kommunikative Verfahren zur Lösung wiederkehrender kommunikativer Probleme [...]. Unter bildungssprachlichen Praktiken verstehen wir somit die (vorzugsweise in Bildungsinstitutionen) situierten, mündlichen wie schriftlichen sprachlich-kommunikativen Verfahren der Wissenskonstruktion und –vermittlung, die stets auch epistemische Kraft entfalten (können) und zugleich bestimmte bildungsaffine Identitäten indizieren. Diese Verfahren erhalten den Status sozial etablierter Praktiken erst und gerade dadurch, dass sie von erfahrenen Agenten der Institution normativ sowohl implizit als auch explizit eingesetzt und aktualisiert werden." (Morek & Heller 2012, 92)

Ihre Überlegungen zur Modellierung von bildungssprachlichen Praktiken fassen Morek und Heller in der nachstehenden Abbildung zusammen.

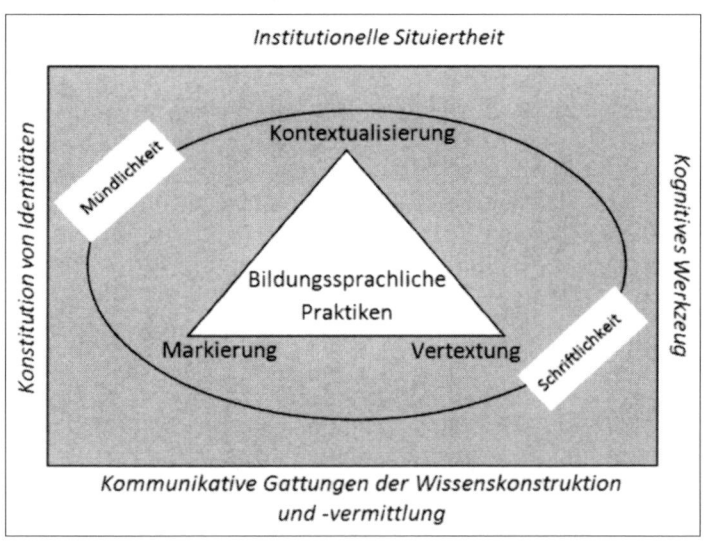

Abb. 2.1 | Bildungssprachliche Praktiken

Der äußere Rahmen erfasst die Funktionen bildungssprachlicher Praktiken – als kognitives Werkzeug, als kommunikative Gattungen, die der Wissenskonstruktion und der Wissensvermittlung dienen, als Werkzeug zur Konstitution von Identitäten (im Sinne einer Zugehörigkeit zu einer Gruppe) sowie als Marker institutioneller Situiertheit (d.h. äußeres Zeichen einer solchen Gruppenzugehörigkeit). Im inneren Bereich sind vier Kompetenzdimensionen abgebildet.

a) Bildungssprachliches Handeln ist in bestimmten Kontexten gefordert, etwa im Rahmen von schulischem Unterricht. Hier müssen Kinder (und andere Lernende) erkennen lernen, wann ein bildungssprachliches Register gefordert ist, und dieses mit geeigneten Mitteln realisieren. Auf der anderen Seite müssen Lehrende sich der sprachlichen Anforderungen an ihre Schülerinnen und Schüler jeweils bewusst sein und diese auch transparent machen bzw. diese einüben.

b) Die zweite Kompetenzdimension betrifft die mediale Realisierung von Bildungssprache (Mündlichkeit und Schriftlichkeit). In vielen Ansätzen wird, wie wir gesehen haben, Bildungssprache dem konzeptionell-schriftsprachlichen Bereich zugeordnet. Dies muss allerdings mit Bezug auf bestehende mündliche und schriftliche bildungssprachliche Praktiken differenzierter gesehen werden: Medial mündliche Beiträge sind, angesichts des situativen Kontextes, sprachlich anders zu realisieren als medial schriftliche. Dazu kommt, dass im Kontext Schule und Unterricht bildungssprachliche Praktiken mit institutionellen Praktiken interagieren. Dies wird deutlich an bestimmten Lehrer-Schüler-Interaktionen, die nicht immer Raum lassen für differenziertes bildungssprachliches Handeln seitens der Lernenden und Lehrenden.

c) Bildungssprachliche Praktiken erfordern die Kompetenz, angemessene lexikalische und morpho-syntaktische Formen (Markierungskompetenz) sowie

d) Vertextungsmuster auszuwählen.

Wenngleich das Modell von Morek & Heller 2012 sicher einer weiteren Diskussion bedarf, kommt ihm in jedem Falle das Verdienst zu, die Sicht auf den Gegenstand Bildungssprache erweitert und den Blick auf weitere konstitutive Dimensionen gelenkt zu haben.

2.2 Schulsprache

Bildungssprache & Schulsprache

Nicht gleichzusetzen mit „Bildungssprache" ist der Begriff der „Schulsprache". Mit letzterem werden sprachliche Muster und Handlungen bezeichnet, die an institutionell-schulischen Sprachpraktiken ausgerichtet sind, vgl. Feilke 2013, 119: „Bei der Schulsprache geht es darum, dass Schule und Unterricht für didaktische Zwecke eigenständige sprachliche Gegenstände schaffen. Schulsprache in diesem Sinne umfasst die Gesamtheit der sprachlichen Instrumente des Lehrens und die damit verbundenen sprachbezogenen Verhaltenserwartungen". Diese „sprachlichen Verhaltenserwartungen", etwa das Erzählen zu Bildergeschichten oder das Verfassen von Erörterungen, beschränken sich im Wesentlichen auf den Raum Schule. Sie dienen der Unterstützung eines umfassenderen Lernprozesses: „Sie sind primäre didaktische Instrumente der Förderung allgemeiner bildungssprachlicher Potentiale" (Feilke 2013,120). Das heißt, Schulsprache kann dazu dienen, den Erwerb bildungssprachlicher Kompetenzen zu unterstützen. Die nachstehende Grafik verdeutlicht den Zusammenhang.

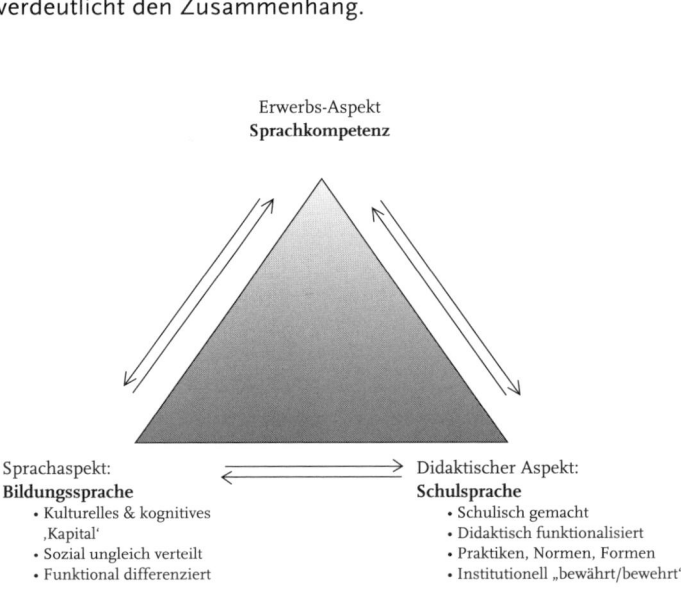

Abb. 2.2 | Schulsprache und Bildungssprache

Übung 2.3

> Überlegen Sie, inwieweit „Schulsprache" in diesem Verständnis für den weiteren Bildungserfolg relevant ist.

2.3 BICS und CALP

Auf die Notwendigkeit der Unterscheidung von alltagssprachlich-mündlichen Sprachfertigkeiten BICS (basic interpersonal communicative skills) und bildungs-/schriftsprachlichen Fertigkeiten CALP (cognitive academic language proficiency) machte Cummins 1979 erstmals aufmerksam. Im Gegensatz zu den oben erläuterten Termini bezeichnen BICS und CALP keine Varietäten bzw. Register, sondern sprachliche Kompetenzen von L2-Schülerinnen und Schülern: "The BICS/CALP distinction [...] formalized the difference between conversational fluency and academic language proficiency as conceptually distinct components of the construct of ‚language proficiency'." (Cummins 2008, 71)

Die Unterscheidung der qualitativ unterschiedlichen Sprachkompetenzen geht auf (Unterrichts-)Beobachtungen und -analysen im Zusammenhang mit Zweitsprachlernenden im Regelunterricht zurück. Die Studien brachten zwei wesentliche Erkenntnisse:

1) L2-Schülerinnen und Schülern, die über eine relativ hohe konversationelle Flüssigkeit im Alltag verfügen, wird eine höhere Sprachkompetenz unterstellt als tatsächlich vorhanden ist, d.h. dass bestimmte sprachliche Schwierigkeiten oder auch Defizite dieser Schülerinnen und Schüler von ihren Lehrerinnen und Lehrern nicht wahrgenommen werden.
2) L2-Schülerinnen und Schülern werden aufgrund ihrer sprachlichen Defizite auch mangelnde kognitive Fähigkeiten attribuiert. Infolgedessen erfahren sie institutionelle Benachteiligung.

Mithilfe der BICS/CALP-Unterscheidung sollten Lehrerinnen und Lehrer, die mit Einwandererkindern arbeiteten, auf die sprachlichen Herausforderungen in der Schule aufmerksam gemacht werden. Ihnen sollte überdies verdeutlicht werden, dass der Erwerb der „cognitive academic language proficiency" länger dauert als der Erwerb von Alltagssprache. Letztere, so Cummins, ist

CALP

typischerweise durch hochfrequenten Wortschatz und frequente sprachliche Routinen in Standardsituationen, geläufige grammatische und textuelle Muster gekennzeichnet. „Academic language" ist im Gegensatz dazu durch niederfrequentes Vokabular, komplexere Text- und Grammatikstrukturen charakterisiert – sprachliche Mittel, die den Anforderungen einer ansteigenden konzeptuellen und sprachlichen Komplexität im Verlauf der Schullaufbahn entsprechen. Cummins selbst weist darauf hin, dass diese Unterscheidung vor dem Hintergrund fließender Grenzen zu sehen ist.

„*The BICS/CALP distinction was not proposed as an overall theory of language proficiency but as a very specific conceptual distinction that has important implications for policy and practice. It has drawn attention to specific ways in which educators' assumptions about the nature of language proficiency and the development of L2 proficiency have prejudiced the academic development of bilingual students. However, the distinction is likely to remain controversial, reflecting the fact that there is no cross-disciplinary consensus regarding the nature of language proficiency and its relationship to academic development.*"
(Cummins 2008, 81)

Quadrantenmodell — Cummins ergänzte die ursprüngliche BICS/CALP-Unterscheidung 1981 um das so genannte Quadranten-Modell sprachlicher Aktivitäten. Sprachliche Aktivitäten können demnach gekennzeichnet werden (a) nach dem Maß an kontextueller Einbettung / Unterstützung auf der einen und (b) dem Grad an kognitiver Beteiligung auf der anderen Seite. Das Quadranten-Modell lässt sich unmittelbar auf die Konzeption von Unterricht beziehen, vgl. Abb. 2.3.

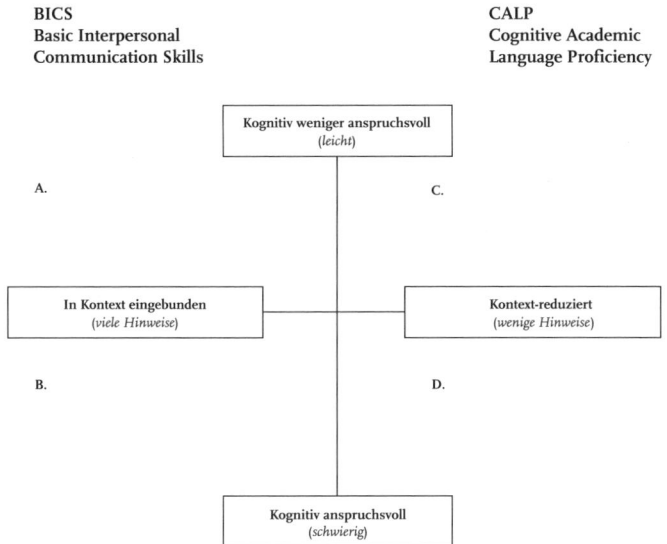

Abb. 2.3 | Quadrantenmodell nach Cummins 1981

Die horizontale Ebene beschreibt das Kontinuum mit den Endpunkten „kontextuelle Einbettung" und „kontextuelle Reduktion". Bei kontextuell eingebetteten sprachlichen Aktivitäten teilen die Interaktionspartner typischerweise Zeit und Raum, es gibt außersprachliche Hinweise wie Gestik, Mimik etc. In der Interaktion wird Bedeutung ausgehandelt im Sinne eines gemeinsamen Verstehens. Die Interaktionspartner haben die Möglichkeit zur unmittelbaren Rückfrage bei Verständnisschwierigkeiten. Im Falles des entgegengesetzten Extrems des Kontinuums teilen sich die Interaktionspartner typischerweise nicht Zeit und Raum, es gibt keine außersprachlichen kontextuellen Hilfen und Hinweise, vielmehr beruht die Bedeutungserschließung allein auf Sprache. Die vertikale Dimension beschreibt das Kontinuum der kognitiven Beteiligung. (Sprachliche) Aktivitäten können dem einen Extrem zufolge einen niedrigen Grad an kognitiver Beteiligung fordern. Damit sind Sprachhandlungen gemeint, die automatisiert ablaufen, sprachliche Routinen also, die keinen zusätzlichen kognitiven Aufwand zur erfolgreichen Performanz erfordern, etwa in einer Begrüßungssituation. Das andere Extrem entspricht einem hoher Grad an kognitiver Beteiligung, da die entsprechenden Sprachhandlungen nicht automatisiert ablaufen. Hier ist für die erfolgreiche Kommunikation ein aktiver kognitiver Aufwand vonnöten, wie beispielsweise bei der Abfassung eines Essays oder der Entfaltung eines Arguments.

Die Verknüpfung von horizontalem und vertikalem Kontinuum führt zu vier Quadranten, die sich jeweils im Grad kontextueller Unterstützung und kognitiver Beteiligung/Anforderung in Verbindung mit sprachlichen Aktivitäten unterscheiden:

- Quadrant A enthält sprachliche Aktivitäten, die einerseits viel kontextuelle Unterstützung bieten und gleichzeitig einen niedrigen Grad an kognitiver Beteiligung fordern. Dazu zählt Cummins Standardsituationen, in denen sprachliche Alltagsroutinen in Face-to-Face-Interaktionen abgehandelt werden.
- Quadrant C unterscheidet sich von A dadurch, dass es weniger Kontext-Hinweise gibt, etwa in (Alltags-)Interaktionen am Telefon.
- Quadrant B wiederum umfasst sprachliche Aktivitäten, die einerseits Kontexteinbettung bieten, andererseits aber eine aktive kognitive Beteiligung fordern, wie es etwa bei der Durchführung eines chemischen Experiments in der Schule der Fall ist, wenn der Lehrervortrag durch visuelle Unterstützung begleitet wird.
- Sprachliche Aktivitäten in Quadrant D sind kontextreduziert und erfordern einen hohen aktiven kognitiven Aufwand, etwa wenn ein komplexer Text ohne weitere Hilfen erschlossen werden muss.

Das Quadranten-Modell wurde vor allem im angloamerikanischen Raum rezipiert und in Konzeptionen von sprach- und fachverbindendem Regelunterricht, wie etwa in das SIOP®-Modell (vgl. Kap. 4), integriert. Ein Fachunterricht, der sich an Zweitsprachlernende und sprachlich schwächere Schülerinnen und Schüler richtet, ist dann effektiv, wenn er kontext-eingebettete und kognitiv anspruchsvolle Aufgaben anbietet, sich also im Quadranten B bewegt.

Cummins' BICS/CALP-Unterscheidung wurde einerseits weltweit rezipiert, andererseits teilweise auch recht kontrovers diskutiert. Sie hat aber dazu beigetragen, das Bewusstsein dafür zu schärfen, dass (a) (Zweit-)Spracherwerbsprozesse in bestimmten Bereichen („Bildungssprache") länger dauern als in anderen („Alltagssprache") und dass (b) Schülerinnen und Schüler aufgrund sprachlicher Defizite Bildungsbenachteiligung erfahren.

Übung 2.4

Schauen Sie sich noch einmal das Zitat unter Übung 2.1 an: Wie beurteilen Sie die Einbeziehung des Terminus ‚konzeptionelle Schriftlichkeit' in die Aufzählung in der Klammer?

2.4 Allgemeine Fachsprachenkompetenz

Unsere Alltagssprache ist durch eine zunehmende Verwissenschaftlichung, Technisierung und Institutionalisierung geprägt, während die fachliche Kommunikation im Beruf eine fortschreitende Dezentralisierung, Differenzierung und Dynamisierung zeigt (vgl. Kap. 1.1). Vor diesem Hintergrund wurde Ende der 1990er Jahre von Roelcke die Beschreibung und Förderung einer allgemeinen Fachsprachenkompetenz gefordert (vgl. Roelcke ³2010, 155–169): Diese allgemeine Fachsprachenkompetenz wird definiert als die „Fähigkeit [...], Texte gleich welchen horizontal oder vertikal zu bestimmenden Fachbereichs und welcher Textsorte auch immer aufgrund der Kenntnis übergreifender fachsprachlicher Merkmale mit größerem Erfolg zu rezipieren und gegebenenfalls auch zu produzieren" (ebd., 159). Es handelt sich hierbei also nicht um eine sprachliche Varietät oder eine kommunikative Praxis, sondern um eine persönliche Fähigkeit, mit wechselnden und veränderten sprachlichen Gegebenheiten im alltäglichen und beruflichen Umfeld zurechtzukommen.

Auch und gerade weil der Geltungsbereich einer solchen allgemeinen fachsprachlichen Kompetenz im Alltag und im Beruf angesiedelt werden muss, ist ihre Vermittlung auch im Unterricht der Primar-, vor allem aber in dem der Sekundarstufe von großer Bedeutung. Dabei kommen gleichermaßen Schülerinnen und Schüler ins Blickfeld, welche die betreffende Einzelsprache als Erst-, Zweit- oder Fremdsprache erwerben. In diesem Zusammenhang ist insbesondere zu beachten, dass der Erwerb einer allgemeinen fachsprachlichen Kompetenz nicht spezielle fachsprachliche Kompetenzen ersetzt, sondern deren Erwerb unter-

Roelcke 1999/³2010

stützt bzw. deren Fehlen ausgleicht und im Sinne einer fachsprachlichen Ethik fachkommunikative Probleme zu lösen hilft (Roelcke ³2010: 159):

"Diese [allgemeine fachsprachliche] Kompetenz ersetzt freilich nicht die einzelfachspezifischen sachlichen oder sprachlichen Kenntnisse, erlaubt jedoch einen effizienten Zugang zu diesen Kenntnissen, da die verschiedenen Verfahrensweisen ihrer fachsprachlichen Vermittlung bereits im Vorfeld bekannt sind und als solche bereits im Idealfall in Produktion und Rezeption eingehend geübt wurden; darüber hinaus trägt sie zur Überwindung von Kommunikationsbarrieren bei, die durch fehlende oder unzureichende Kenntnis und Übung solcher Verfahrensweisen bedingt sind."

Vor diesem Hintergrund werden im Falle der allgemeinen fachsprachlichen Kompetenz neben strukturellen, pragmatischen und ggf. auch kognitiven also insbesondere auch ethische Teilkompetenzen ausdrücklich einbezogen (was bei anderen Konzepten nur bedingt der Fall ist). Zu diesen ethischen Teilkompetenzen gehören etwa:
- differenzierte Einschätzung und keine pauschale Diskriminierung von Fachsprache und Fachkommunikation
- Aufdeckung von fachsprachlichem Missbrauch (Streben nach Exklusivität oder Manipulation)
- Überwindung fachsprachlicher Barrieren (etwa gegenüber Behörden oder Ärzten)

Somit erhebt das Konzept der allgemeinen Fachsprachenkompetenz einen ganzheitlichen Anspruch, der neben Kenntnissen und Fähigkeiten auch spezifische Verhaltensweisen umfasst (vgl. ebd., 167f.).

Zusammenfassung

Die vier genannten Konzepte „Bildungssprache", „Schulsprache", „cognitive academic language proficiency" und „allgemeine Fachsprachenkompetenz" zeigen eine Reihe an Gemeinsamkeiten und Unterschieden (vgl. Tab. 2.2):

Zusammenfassung

Tab. 2.2: Vergleich der Konzeption von Bildungssprache bis allgemeiner Fachsprachenkompetenz

Dimension	Bildungssprache	Schulsprache	BICS/CALP	Allgemeine Fachsprachenkompetenz
Status	Varietät, Register	kommunikative Praxis	Kompetenz, Fähigkeit	Kompetenz, Fähigkeit
Ein- bzw. Mehrsprachigkeit	L1 & L2	L1 & L2	L2	L1 & L2
Geltungsbereich	allgemein-gesellschaftlich	schulisch	schulisch	allgemein-gesellschaftlich
Funktion im Bildungsprozess	Mittler zwischen Alltags- und Fachsprache	Hinführung zu Bildungs- und Fachsprache	Bewältigung konzeptionell verschiedener Kommunikationsbereiche	Bewältigung von fachlicher Dezentralisierung, Differenzierung u. Dynamisierung

Im Unterschied zu den Konzepten einer „Bildungssprache" oder einer „Schulsprache" ist „Allgemeine Fachsprachenkompetenz" nicht als eine eigene sprachliche Varietät oder als ein eigenes sprachliches Register bzw. als eine eigene kommunikative Praxis aufzufassen. Sie stellt vielmehr die kommunikative Fähigkeit einer einzelnen Person dar, fachliche Texte unterschiedlicher Herkunft und verschiedener Bereiche angesichts fachübergreifender sprachlicher und semiotischer Merkmale rezipieren (in begrenztem Umfang auch: produzieren) zu können. Mit dem definitorischen Merkmal einer kommunikativen Fähigkeit nähert sich dieses Konzept damit demjenigen der „cognitive academic language proficiency" (CALP).

CALP ist jedoch – hierin der „Schulsprache" vergleichbar – auf den schulischen und propädeutisch akademischen Bereich beschränkt, während die „Allgemeine Fachsprachenkompetenz" – „Bildungssprache" entsprechend – einen allgemein-gesellschaftlichen Geltungsbereich aufweist. Im Weiteren wurde das CALP-Konzept ausschließlich für den fremd- bzw. zweitsprachlichen Bereich entwickelt, während die drei anderen Konzepte darüber hinaus auch für den erstsprachlichen Bereich Gültigkeit besitzen.

Besonders signifikant sind die Unterschiede schließlich in den Funktionen, die den vier Konzepten im Bildungsprozess zugeschrieben werden: „Bildungssprache" wird als Mittler zwischen Alltags- und Fachsprache verstanden, während „Schulsprache" als Hinführung zur Bil-

dungssprache und zu Fachsprachen aufgefasst wird. CALP dient letztlich der Bewältigung konzeptionell verschiedener Kommunikationsbereiche, während „Allgemeine Fachsprachenkompetenz" neben der Überwindung fachsprachlicher Anforderungen oder Barrieren im Alltag insbesondere auch die Bewältigung fachlicher bzw. fachsprachlicher Dezentralisierung, Differenzierung und Dynamisierung ermöglicht.

Weiterführende Literatur

Schleppegrell, Mary J., 2004. The Language of Schooling: A Functional Linguistics Perspective. Mahwah, N.J. Lawrence Erlbaum Ass.

Testfragen

1) Führen Sie einige sprachliche Merkmale von „Bildungssprache" auf.
2) Welche Funktionen hat Bildungssprache (a) nach Habermas und (b) nach Morek & Heller?
3) Was bedeuten die einzelnen Funktionen bei Morek & Heller konkret?
4) Inwiefern ist es gerechtfertigt, von „bildungssprachlichen Praktiken" zu sprechen?
5) Was unterscheidet Schulsprache von Bildungssprache?
6) Wie unterscheiden sich die Begriffe BICS und CALP von Begriffen wie „Fachsprache" und „Bildungssprache"
7) Welche Dimensionen erfasst das so genannte Quadranten-Modell von Cummins 1981?
8) Warum sind sprachliche Anforderungen, die im Quadranten B des Cummins'schen Modells verortet werden können, für sprachlich weniger kompetente Lernerinnen und Lerner eher zu bewältigen?
9) Nennen Sie zentrale ethische Verhaltensweisen im Rahmen einer allgemeinen Fachsprachenkompetenz.
10) Grenzen Sie „Bildungssprache", „Schulsprache", CALP und „Allgemeine Fachsprachenkompetenz" hinsichtlich ihrer Funktionen im Bildungsprozess gegeneinander ab.

Formen und Funktionen von Fachsprachen | 3

3 Formen und Funktionen von Fachsprachen

Fachsprache und Alltagssprache

Sprache und Kommunikation in einem bestimmten Fach unterscheiden sich von denjenigen in der Alltagssprache und in anderen Fächern – sei es nun in der Schule oder im Beruf. Diese Unterschiede finden sich sowohl im Wortschatz als auch in der Grammatik wie in der Gestaltung von Texten. Sie hängen dabei von ganz verschiedenen Faktoren ab – zum einen von dem jeweiligen Fach selbst, zum anderen von den Personen, die miteinander fachsprachlich kommunizieren, und schließlich von den Aufgaben bzw. Funktionen, die die Fachsprache hierbei zu erfüllen hat. In diesem Kapitel betrachten wir zunächst die Besonderheiten von Fachsprachen und werfen abschließend einen Blick auf deren Gliederung.

Präzision und Differenzierung

Im Unterschied zu anderen vergleichbaren Darstellungen gehen wir dabei nicht von den formalen Besonderheiten in Wortschatz, Grammatik oder Text selbst aus, sondern von den kommunikativen Funktionen, die diese fachsprachlichen Besonderheiten erfüllen sollen (vgl. zu diesem Ansatz Roelcke 2015): Fachsprachen dienen letztlich der Kommunikation von Fachleuten in einem spezialisierten menschlichen Tätigkeitsbereich, indem sie eine höhere Genauigkeit (Präzision im Einzelnen) und Deutlichkeit (Differenzierung im Ganzen) erlauben. Einige weitere Funktionen bestehen (zumindest im westeuropäischen Kulturkreis) in der Kürze des Ausdrucks (Sprachökonomie), der Verständlichkeit von Texten und der Stiftung sozialer Identität (vgl. Roelcke 2010, 13–28).

Beispiel

Nehmen wir einmal die Fachsprache der Krabbenfischer des Nordseeortes Büsum als Beispiel: Indem die Seeleute spezifische Bezeichnungen für ihre Werkzeuge und Tätigkeiten verwenden, ist deren Sprachgebrauch differenzierter als derjenige der Alltagssprache im deutschen Nordwesten. Da diese Ausdrücke im Weiteren relativ genau festgelegte Bedeutungen tragen, ist die Kommunikation der Fischer nicht allein stärker differenziert, sondern auch präzise. Arbeitsanweisungen und fachliche Auseinandersetzungen erfolgen möglichst kurz, um die Arbeit als solche nicht zu behindern, sind für die Seeleute (nicht für andere Küstenbewohner) gut verständlich und tragen somit nicht zuletzt auch zur Bildung einer eigenen Identität der Krabbenfischer bei.

Übung 3.1

> Notfallärzte fallen bisweilen durch einen derben Sprachgebrauch auf – etwa dann, wenn im Falle verunglückter Motorradfahrer von „Nierenspendern" die Rede ist (Hörbeleg an einer Unfallstelle mit Straßensperrung im Hochschwarzwald). Diskutieren Sie diesen Ärztejargon hinsichtlich der genannten fachsprachlichen Funktionen.

Zur besseren Orientierung sind die Formen und Funktionen von Fachsprachen, die im Folgenden behandelt werden, in Tabelle 3.1 zusammengefasst.

Tab. 3.1: Fachsprachliche Formen und Funktionen in Wortschatz, Grammatik und Text (Kapitelabschnitte)

	Präzisierung	Differenzierung	Ökonomie	Anonymisierung
Wortschatz	Definitionen (3.1.1–3).	Entlehnung (3.2.2); Metaphorik (3.2.3.).		Pronomina (3.5.1); Funktionsverben (3.5.3)
Grammatik	Attribute (3.3.1); Nebensätze (3.3.2).	Komposition (3.2.1);	Kurzwortbildung (3.4.2).	3. Person (3.5.1); Passiv (3.5.2); Substantive (3.5.3).
Text	Thema/Rhema, Argumentation, Schlussverfahren (3.3.3).	[Ganztext]	Verständlichkeit (3.4.1); Textbausteine (3.4.3).	[Ganztext]
Zeichen	Abbildungen und Tabellen (3.6.1); Symbole und Formeln (3.6.2).			

3.1 Präzisierung: Festlegen von Bedeutungen

Bedeutungen, die für den Gebrauch in einem speziellen Fachbereich präzise festgelegt sind, stellen ein wesentliches Merkmal von Fachwörtern dar. Sie unterscheiden solche Termini von Wörtern der Alltagssprache. Die präzise Festlegung von Bedeutungen, die eine möglichst genaue Referenz auf die entsprechenden fachlichen Gegenstände und Sachverhalte erlaubt, erfolgt durch

Terminus und Definition

sog. Definitionen, die ganz unterschiedlich gestaltet sein können (vgl. Arntz/Picht/Mayer 2009, 59–72; Robinson 1965; Roelcke 2010, 60–68; v. Savigny ³1993). Definitionen zu erkennen und zu verstehen, ist eine Schlüsselkompetenz fachlicher Kommunikation. „Schülerinnen und Schüler brauchen Fachwörter" (Roelcke 2014b) – und so gehören die Rezeption und Produktion von Bedeutungsfestlegungen zu den zentralen Aufgaben der Fachsprachenvermittlung im Unterricht. Betrachten wir folgende Definitionen aus einem Schulmaterial für das Fach Biologie:

Beispiel

1. *„Eine Population ist die Gesamtheit der gleichzeitig lebenden Individuen einer Art in einem begrenzten Lebensraum, die untereinander fortpflanzungsfähig sind (z. B. Buchfinken in einem Wald, Haussperlinge einer Stadt, Sumpfdotterblumen an einem Bachufer)."*
2. *„Populationsschwankungen. Sind Änderungen in der Anzahl der Individuen unter der Einwirkung von schwankenden abiotischen (z. B. Witterungs- und Nahrungsverhältnisse) und/oder biotischen (Anzahl der Räuber- bzw. Beutetiere) Umweltfaktoren."*
3. *„Eine Biozönose ist eine Lebensgemeinschaft vieler Lebewesen (Populationen), die in einem Lebensraum (Biotop) gemeinsam vorkommen."*

(Pawelzig 2004, 143)

3.1.1 Klassisch-aristotelische Definition

Definiendum und Definiens (Genus proximum und Differentia specifica)

Soll die Bedeutung eines Terminus festgelegt werden, ist dieser Terminus zunächst einmal selbst zu nennen. Er stellt *das zu Definierende* (das Definiendum) dar; im Beispiel oben ist dies etwa der Terminus „Biozönose". Die Beschreibung der Bedeutung selbst ist demgegenüber *das Definierende* (das Definiens). Sie besteht zum einen aus der Angabe von so etwas wie einer übergeordneten Gattung (Genus proximum), hier: „Lebensgemeinschaft vieler Lebewesen"; zum anderen werden artunterscheidende Merkmale (Differentia specifica) angegeben: „die in einem Lebensraum [...] vorkommen". Die Verbindung zwischen dem Definiendum und dem Definiens stellt der sog. Definitor dar; in diesem Falle also: „ist". Dieser Aufbau einer Definition gilt als der klassische Fall, der bereits auf den Philosophen Aristoteles und die griechische Antike zurückgeht und von daher ihren Namen trägt (vgl. Abb. 3.1).

Eine Biozönose	*ist*	*eine Lebensgemeinschaft vieler Lebewesen,*	*die in einem Lebensraum gemeinsam vorkommen.*
Definiendum	Definitor	Genus proximum	Differentia specifica
		Definiens	

Abb. 3.1 | **Aufbau einer klassisch-aristotelischen Definition**

3.1.2 Andere Definitionsarten

In den drei Beispielen finden sich einige weitere Definitionsarten, deren Definiens nicht aus der Angabe von Genus proximum und Differentia specifica besteht. In Beispiel 3 wird etwa das alltagssprachliche Wort „Lebensraum" durch die Angabe des entsprechenden Fachwortes, also „Biotop", in Klammern ergänzt. Da die beiden hier die gleiche Bedeutung tragen, handelt es sich um eine Definition anhand bedeutungsgleicher Wörter (Synonyme); man spricht hier von einer synonymischen Definition.

Synonymische Definition

Die Definition von „Population" im ersten Beispiel wird in Klammern um die Angabe einiger Beispiele ergänzt: „Buchfinken in einem Wald, Haussperlinge einer Stadt, Sumpfdotterblumen an einem Bachufer". In diesem Falle liegt also neben der eigentlichen Definition auch eine exemplarische Definition (von lat. exemplum, ‚Beispiel') vor.

Exemplarische Definition

In der zweiten Beispieldefinition wird der Terminus „Populationsschwankungen" zunächst als „Änderungen in der Anzahl der Individuen" bestimmt; im Anschluss daran wird beschrieben, wie es zu solchen Änderungen kommt, nämlich durch die „Einwirkung von schwankenden abiotischen (z. B. Witterungs- und Nahrungsverhältnisse) und/oder biotischen (Anzahl der Räuber- bzw. Beutetiere) Umweltfaktoren." Da in diesem Definiens also der Entstehungsprozess des Definiendums angegeben wird, spricht man in solchen Fällen auch von einer genetischen Definition (vgl. griech. génesis ‚Ursprung').

Genetische Definition

Übung 3.2

Im Folgenden finden Sie drei Sätze, die möglicherweise nicht auf den ersten Blick verständlich sind, da sie Termini enthalten, die Ihnen ggf. noch nicht bekannt sind. Dennoch können Sie anhand bestimmter Formulierungsbestandteile erkennen, dass es sich hierbei offensichtlich um Definitionen handelt. Untersuchen Sie die folgenden (von uns konstruierten) Definitionen und klären Sie, welcher Art von Definition diese jeweils entsprechen:

1) „Ein Phonem wird ermittelt durch linguistische Minimalpaarbildung und Feststellung semantischer Opposition."
2) „Phonemik ist Phonologie."
3) „Ein Phonem ist die kleinste bedeutungsunterscheidende Einheit einer Sprache."

Falsches Definieren
In Sachtexten und Fachliteratur erscheinen des Öfteren Definitionen, die unzulässig sind, da sie die entsprechenden Termini nicht hinreichend präzise festlegen.

Übung 3.3

Untersuchen Sie die folgenden (von uns konstruierten) Definitionen und klären Sie, inwiefern diese keine präzise Festlegung von Bedeutungen leisten:

1) „Eine Population ist die Gesamtheit der gleichzeitig lebenden pflanzlichen Individuen einer Art in einem begrenzten Lebensraum, die untereinander fortpflanzungsfähig sind."
2) „Eine Population ist keine Gesamtheit von gleichzeitig lebenden Individuen verschiedener Arten in einem begrenzten Lebensraum."
3) „Eine Population ist die Gesamtheit der lebenden Individuen einer Art in einem begrenzten Lebensraum, die untereinander fortpflanzungsfähig sind."

3.2 Differenzierung: Erweiterung des Wortschatzes

Die Erweiterung des Wortschatzes gegenüber dem der Alltagssprache ist ein wichtiger Beitrag zur Differenzierung fachlicher Sprache und Kommunikation. Wie durch ein Vergrößerungsglas erlaubt ein entsprechend ausgebauter Wortschatz die Benennung weiterer Details. Dabei sind drei Verfahren von Bedeutung – die Bildung neuer Wortzusammensetzungen (Komposita), die Entlehnung von Wörtern aus anderen Sprachen (wie dem Lateinischen, Griechischen oder Englischen) und die bildhafte (übertragene bzw. metaphorische) Verwendung von bereits bekannten Wörtern.

3.2.1 Bildung von Komposita

Fachsprachliche Komposita (vgl. zur Übersicht auch Roelcke 2010, 79–82) sind im Deutschen meist Substantive. Besonders beliebt sind dabei zweigliedrige Zusammensetzungen wie etwa „Betriebswirtschaft", „Boxermotor" oder „Steuerbescheid"; es kommen aber auch mehrgliedrige Bildungen vor – wie zum Beispiel „Lohnsteuerjahresausgleich" oder „Hörsprachbehindertenpädagogik" (die letzten beiden Beispiele zeigen, wie ökonomisch solche Komposita im Vergleich zu entsprechenden Umschreibungen bzw. Paraphrasierungen sind; vgl. also etwa „Ausgleich von Steuerzahlungen auf erhaltenen Lohn, gerechnet über das Kalenderjahr" oder „Pädagogik für Personen, die im Hören oder Sprechen eine Behinderung zeigen"; vgl. hierzu auch Kap. 2.4). Charakteristisch sind Zusammensetzungen mit Kurzwortbildungen oder Zahlen, so etwa „DIN-Norm" oder „A4-Format". Adjektive oder Adverbien werden in solchen substantivischen Komposita oft dazu gebraucht, Gegensatzpaare (Antonyme) zu bilden: „Großhirn" vs. „Kleinhirn" oder „Frühgemüse" vs. „Spätgemüse". Verben erscheinen wiederholt in Verbindung mit einem mehr oder weniger abstrakten Substantiv: „Rechenanlage" oder „Zählwerk".

Substantive

Ein weiteres Charakteristikum deutscher Fachsprachen stellen sog. „Zwillingsverben" dar: Hier werden, wie etwa im Falle von „spritzgießen" oder „trennschleifen", zwei Verben zu einem gemeinsamen Verb zusammengesetzt. An dieser Stelle sind

Verben und Adjektive

schließlich auch Komposita zu nennen, die aus einem vorangestellten Substantiv oder Adjektiv und einem Verb bestehen; vgl. etwa „blaufärben", „sandstrahlen", „schockfrosten" oder „schmutzabweisend". – Einige Beispiele für fachsprachliche und fachsprachennahe Komposita, die Adjektive darstellen, sind „alkoholfrei", „bleifrei", „schwefelfrei" oder „FCKW-frei". Zu beachten ist in diesem Fall die Reihe an Bildungen, die mit einer Verarmung der Bedeutung von „frei" verbunden ist: Teile der ursprünglichen Wortbedeutung wie ‚unabhängig' oder ‚selbstbestimmt' gehen verloren, erhalten bleibt allein die abstrakte Komponente ‚fehlend' (daher ist zu überlegen, ob es sich bei diesen Bildungen überhaupt um Zusammensetzungen und nicht vielmehr um Ableitungen handelt).

3.2.2 Entlehnungen aus fremden Sprachen

Entlehnungen in der Sprachgeschichte

Die deutsche Sprache hat seit ihren Anfängen immer wieder Wörter aus anderen Sprachen übernommen (Eisenberg 2012, 37–89; Roelcke 2009c, 70–80). Solche Entlehnungen stehen stets in enger Verbindung mit der Sach- und Fachgeschichte im deutschen Sprachraum und zeigen wiederholt, wie fachlicher Wortschatz im Verlauf der Zeit in die Sprache des Alltags aufgenommen wurde. Sie lassen sich in folgende Phasen einteilen (vgl. Tab. 3.2).

Tab. 3.2: Fachsprachliche Entlehnungen im Verlauf der deutschen Sprachgeschichte

Zeit	Sprache	Periode	Beispiele
Spätantike (50 v. Chr. bis ca. 500 n. Chr.)	Latein	Römische Besatzung	Kriegswesen: *Kampf* (*campus* ‚Feld'), *Pfeil* (*pilum*); Verwaltung: *Zoll* (*tollonium*), *Kerker* (*carcer*); Baukunst: *Ziegel* (*tegula*), *Fenster* (*fenestra*); Handel: *Markt* (*mercatus*), *Pfund* (*pondo*); Weinbau: *Wein* (*vinum*), *Kelch* (*calix*).
Frühmittelalter (500 bis 800)	Latein	Christianisierung	Institutionen: *Papst* (*papa*), *Kloster* (*clostrum*); Schriftkultur: *Tinte* (*tincta aqua*), schreiben (*scribere*); Alltagskultur: *Teppich* (*tapetum*), *Drillich* (*trilix*); religiöse Neubildungen: *Gewissen* (für *conscientia*); *Heiligtum* (für *sanctuarium*), *Demut* (für *humilitas*).

Hochmittelalter (1150 bis 1250)	Französisch	Höfische Zeit	*Abenteuer (aventure ‚gefährliche Begegnung'), Turnier (zum Verb tournier), Preis (pris), Tanz (danse), Samt (samit).*
Frühe Neuzeit (15. und 16. Jh.)	Latein	Humanismus und Renaissance	Römisches Recht: *Advokat, Arrest, Testament*; Verwaltung: *Magistrat, Registratur, kopieren*; Medizin: *Patient, Rezept*; Mathematik: *Produkt, multiplizieren*; Grammatik: *Konjugation, Konsonant*; (Hoch-)Schulwesen: *Professor, Student, Examen*; Druckwesen: *Format, Korrektur, Makulatur.*
	Italienisch		Buchführung: *Konto, Kredit, Bilanz*; Musik: *Allegro, Bass, Violine*; Militärwesen: *Alarm, Kanone, Soldat.*
Neuzeit (17. und 18. Jh.)	Französisch	Alamode-Zeit	Kriegswesen: *Bombe, Brigade, Offizier*; Mode: *Kostüm, Parfüm, Perücke*; Küche: *Bouillon, Ragout, Serviette*; Wohnen: *Balkon, Salon, Gardine.*
		Franz. Revolution	*Revolutionär, Sozialist, Bourgeoisie, Reaktionär.*
Neuzeit (19. Jh.)	Englisch	Industrialisierung	Politik und Handel: *Streik, Lokomotive, Partner*; Sport: *Match, Trainer, Hockey, Fußball (football).*
Neuzeit (19. und 20. Jh.)	Latein und Griechisch	Internationalisierung	*Photographie* (aus griech. *photós* ‚Licht' und *gráphein* ‚schreiben'); *Telegramm* (aus griech. *tele* ‚fern' und *grámma* ‚Geschriebenes'); *Automobil* (aus griech. *autós* ‚selbst' und lat. *mobilis* ‚beweglich'). *Aquaplaning* (aus lat. *aqua* ‚Wasser' und engl. *to plane* ‚gleiten'); *Infrastruktur* (aus lat. *infra* ‚unterhalb' und *structura* ‚Schichtung'); *operationalisieren* (aus lat. *operatio* ‚Verrichtung').
Gegenwart (seit 1945)	Englisch	Globalisierung	Datenverarbeitung: *Computer, Software, E-Mail*; Luft- und Raumfahrt: *Cockpit, Turbojet, Challenger*; Psychologie und Soziologie: *Peergroup, Item*; Medizin: *Borderline-Syndrom, Bypass, Compliance.*

3 Formen und Funktionen von Fachsprachen

Deutsch-englische Sprachkonkurrenz

Die deutsche Sprache der Gegenwart zeichnet sich nicht allein durch zahlreiche Entlehnungen aus dem (vorwiegend: amerikanischen) Englischen aus. Es steht gerade auch im fachlichen Bereich zunehmend unter sprachlicher Konkurrenz zum Englischen als solchem. Insbesondere im naturwissenschaftlich-technischen Bereich verdrängen Texte in englischer Sprache immer mehr solche in deutscher Sprache. Diese Tendenz ist auch in den Geisteswissenschaften zu beobachten und zeigt sich zudem in den Bereichen der Verwaltung, der Dienstleitung und des Handwerks. Eine Didaktik der deutschen Fachsprachen hat daher (in einem ganz umfassenden Verständnis) auch das Englische als internationale fachliche Lingua franca zu berücksichtigen (ESP = English for Specific Purposes; ELF = English as Lingua Franca).

3.2.3 Bildhafte Bedeutungen (Metaphern)

Metaphern-Tabu

Einer weit verbreiteten Auffassung nach weisen Fachtexte eine hohe Sachlichkeit auf, die eine bildhafte Ausdrucksweise von vornherein ausschließe. Jüngere Forschungen zeigen indessen, dass dieses sog. „Metaphern-Tabu" nicht der Wirklichkeit entspricht, ganz im Gegenteil: Der metaphorische Gebrauch von Wörtern der Alltagssprache oder von solchen anderer Fachsprachen hat vielmehr als ein zentrales Verfahren der Gewinnung neuer Fachwörter zu gelten. Ein bekanntes Beispiel hierfür ist der Ausdruck „Wurzel", dessen Bedeutung in der Alltagssprache in präzisierter Form in der Biologie verwendet wird und auch in andere Fächer Eingang gefunden hat; dabei lassen sich laut Brockhaus mindestens drei fachsprachliche Bedeutungen unterscheiden:

1) *neben Sprossachse und Blatt eines der drei Grundorgane der Sprosspflanzen, das die Pflanze im Boden verankert und ihr Wasser mit Nährstoffen zuleitet;*
2) *n-te W. aus einer nichtnegativen reellen Zahl a ist diejenige nichtnegative reelle Zahl w, deren n-te Potenz gleich a ist; man schreibt* $w = \sqrt[n]{a}$ *oder* $w = a1/n$;
3) *der einer ganzen Wortfamilie gemeinsame Wortteil, an dem die Grundbedeutung haftet, z.B.* **geb**-en, **Gab**-e, er-**gieb**-ig, **Gif**-t.
(Der Große Brockhaus in einem Band (2002), 999)

All diesen Bedeutungen ist die Vorstellung gemeinsam, dass die Wurzel als Teil eines Ganzen aufgefasst wird, der dieses Ganze verankert und aus dem weitere Teile entspringen und ggf. versorgt werden (dieses Verständnis liegt auch der zahnmedizinischen Bedeutung des Wortes zugrunde).

Besonders deutlich tritt eine solche Metaphorik in der fachlichen Umgangssprache zutage, etwa dann, wenn technische Erscheinungen an Alltagserfahrungen angeknüpft werden (Jakob 1991; 1998):

- „Der Wagen ist altersschwach und säuft viel" (menschlicher Körper).
- „Der Computer kommt nicht mehr mit und fängt an, boshaft zu werden" (Psyche).
- „Der Handwerker lässt den Strom fließen und bekommt einen Schlag" (Mechanik).

Fachliche Umgangssprache

Übung 3.4

Analysieren Sie einen Text Ihres Fachgebietes: Bestimmen Sie die Termini und untersuchen Sie diese hinsichtlich Definition, Entlehnung und Metaphorik.

3.3 Präzisierung und Differenzierung: Grammatik und Text

Neben der Definition von Wörtern und neben Komposita, Entlehnungen und Metaphern leisten auch zahlreiche grammatische Erscheinungen einen Beitrag zur Präzisierung und Differenzierung fachlicher Kommunikation (vgl. Czicza/Hennig 2011; Czicza [et al.] 2012; Kretzenbacher 1991; Roelcke 2010, 78–90; 2011, 270–279). Es sind dabei Erscheinungen der Sprache im Alltag bzw. der Standardsprache, die innerhalb von Fachtexten besonders häufig erscheinen (vgl. auch Kap. 2).

Bevorzugung einzelner grammatischer Muster

3.3.1 Verwendung von Attributen

Attribute sind Erweiterungen von nominalen Satzgliedern, mit denen diese näher bestimmt werden. Gehen wir beispielsweise von der Bezeichnung „Personenbeförderung" sowie den beiden

Arten von Attributen

Konstruktionen mit Attribut „Personenbeförderung des Nahverkehrs" und „Personenbeförderung des Reiseverkehrs" aus: Mit den Genitivattributen „des Nahverkehrs" und „des Reiseverkehrs" wird das zentrale Nomen bzw. Substantiv „Personenbeförderung" jeweils näher bestimmt, sodass das Satzglied eine präzisere Gesamtbedeutung zeigt und somit eine differenziertere Ausdrucksweise im Text bedingt. – Zu den wichtigsten Arten von Attributen in deutschen Fachsprachen gehören:

- Genitivattribute: „Verbrauch *moderner Kleinkraftwagen*", „*Goethes* Werk";
- Adjektivattribute: „das *sparsame* Kraftfahrzeug", „das *berühmte* Werk";
- Partizipialattribute: „das Benzin *sparende* Kraftfahrzeug", das *anregende* Werk";
- Präpositionalattribute: „das Kraftfahrzeug *aus Aluminium*", das Werk *von Goethe*";
- Attributsätze (insbesondere Relativsätze): „das Fahrzeug, *dessen Karosserie zu weiten Teilen aus rostfreiem Aluminium gefertigt ist*", „das Werk, *das Goethe bereits zu Lebzeiten berühmt gemacht hat*".

Nominalisierung und Nominalstil

Charakteristisch für fachsprachliche Texte ist die Häufung von Attributen – vgl. etwa den folgenden Satz:

- „Der durchschnittliche Verbrauch von modernen, Benzin sparenden Kleinkraftwagen deutscher Hersteller, die sich ihrer ökologischen Verantwortung zunehmend bewusst werden, liegt noch immer nicht bei drei Litern".

Komplexe Nominalphrasen wie der „durchschnittliche Verbrauch von modernen, Benzin sparenden Kleinkraftwagen deutscher Hersteller, die sich ihrer ökologischen Verantwortung zunehmend bewusst werden" in dieser Konstruktion sind charakteristisch für den sog. „Nominalstil" im Deutschen und werden oft als schwer verständlich angesehen. Dies liegt daran, dass sie nicht allein der Präzisierung und Differenzierung des Gesagten dienen, sondern darüber hinaus auch Verfahren einer möglichst ökonomischen Ausdrucksweise darstellen (vgl. hierzu unten). Denn durch die Häufung von Attributen werden entsprechend komplexe Konstruktionen auf der Satz- und Nebensatzebene vermieden, sodass der sprachliche Aufwand an Ausdrücken angesichts des mitgeteilten Inhalts verhältnismäßig gering erscheint.

3.3.2 Gebrauch von Nebensätzen

So wie Attribute nominale Satzglieder präzisieren und differenzieren, leisten Nebensätze einen Beitrag zur Präzisierung und Differenzierung von ganzen Satzkonstruktionen und erlauben damit eine Präzisierung und Differenzierung der fachlichen Kommunikation im Ganzen. Darüber hinaus erhöhen sie die Situationsunabhängigkeit des Textes, indem mit dem Gebrauch von satzeinleitenden Konjunktionen auf so etwas wie Bedingungen, Begründungen usw. des Gesagten hingewiesen wird, ohne dass diese aus dem sachlichen oder sprachlichen Kontext erschlossen werden müssen. So ist etwa der kausale Zusammenhang der beiden folgenden Sätze nur implizit aus dem Zusammenhang zu erschließen: „Der Fels ist warm. Die Sonne scheint". In dieser Konstruktion wird er dagegen ausdrücklich durch die Konjunktion hergestellt: „Der Fels ist warm, *da die Sonne scheint*".

Präzisierung, Differenzierung und Kontextunabhängigkeit

Besondere Beachtung verdienen hier die folgenden Arten von Nebensätzen:

Arten von Nebensätzen

- Eingeleitete Konditionalsätze (Bedingungssätze mit Konjunktion): „*Wenn Sie an dem Lastschrifteinzugsverfahren teilnehmen möchten,* füllen Sie bitte beiliegendes Formular aus!"
- Uneingeleitete Konditionalsätze (Bedingungssätze ohne Konjunktion): „*Werden die Tage im Frühjahr länger und erwärmt sich die Erde,* beginnen viele Pflanzen ihre Knospen auszutreiben."
- Kausalsätze (Begründungssätze): „Die Winzer am Oberrhein bauen zunehmend tief wurzelnde, mediterrane Rebsorten an, *da die Klimaerwärmung bereits zu einer spürbaren Absenkung des Grundwasserspiegels führt.*"
- Finalsätze (Zielsätze): „*Damit das politische System in der Bundesrepublik Deutschland nicht instabil wird,* wurde mit § 6, Abs. 3 Bundeswahlgesetz die Fünfprozentklausel eingeführt."
- Kontrastbezeichnende Nebensätze: „*Während im Frühjahr die Tage auf der südlichen Hemisphäre immer länger werden,* werden sie dagegen auf der nördlichen immer kürzer."

Die deutsche Sprache erlaubt eine Verschränkung mehrerer Nebensätze (Relativ- wie Konjunktionalsätze) in einer gemeinsamen

Komplexe Konstruktionen

Satzkonstruktion. Solche Konstruktionen sollen zwar der Präzisierung und Differenzierung dienen, können aber bisweilen unübersichtlich werden und damit das Verständnis des Gesagten erschweren. Als Beispiel hierfür sei der folgende Satz aus der „Kritik der reinen Vernunft" von Immanuel Kant angeführt – einem Werk der Aufklärung, das für seine sprachliche Genauigkeit wie für seine schwere Verständlichkeit gleichermaßen bekannt ist:

Beispiel

„So enthält die reine Vernunft, die uns anfangs nichts Geringeres als Erweiterung der Kenntnisse über alle Grenzen der Erfahrung zu versprechen schien, wenn wir sie recht verstehen, nichts als regulative Principien, die zwar größere Einheit gebieten, als der empirische Verstandesgebrauch erreichen kann, aber eben dadurch, daß sie das Ziel der Annäherung desselben so weit hinausrücken, die Zusammenstimmung desselben mit sich selbst durch systematische Einheit zum höchsten Grade bringen, wenn man sie aber mißversteht und sie für constitutive Principien transscendenter Erkenntnisse hält, durch einen zwar glänzenden, aber trüglichen Schein Überredung und eingebildetes Wissen, hiemit aber ewige Widersprüche und Streitigkeiten hervorbringen" (Kant ²1797).

3.3.3 Ausgewählte Verknüpfungsverfahren

Unabhängigkeit vom Kontext

Die Sprache des Alltags ist oft aus der Situation heraus verständlich, in der sie verwendet wird; dies gilt mehr noch für gesprochene Äußerungen (sog. Face-to-Face-Kommunikation) als für geschriebene Texte. Fachliche Texte (gleichgültig, ob geschrieben oder gesprochen) sollen dagegen in der Regel möglichst unabhängig von ihrem situativen Kontext verstanden werden können (die Fachwissenschaft spricht hier von sog. „konzeptioneller Schriftlichkeit" und grenzt diese gegenüber „konzeptioneller Mündlichkeit" sowie gegenüber „medialer" Schriftlichkeit und Mündlichkeit ab; vgl. Koch/Oesterreicher 1985). Die konzeptionelle (wie teils auch mediale) Schriftlichkeit macht nun sprachliche Strategien erforderlich, durch die einzelne Sätze und Textteile möglichst präzise miteinander in Verbindung gebracht werden und bei denen auf situationsbezogene Ausdrücke (sog. Deiktika wie etwa „heute", „hier" oder „wir") weitgehend verzichtet wird.

Dabei kann die sog. „Situationsentbundenheit" als Merkmal – medial wie konzeptionell – schriftlicher Texte im Allgemeinen, die Präzision als Besonderheit von fachlichen Texten im Besonderen angesehen werden.

Ein wichtiges Verfahren zur Präzisierung des Gesagten und dessen Situationsunabhängigkeit wurde eben bereits mit dem Gebrauch von Nebensätzen angesprochen – der Gebrauch von satzeinleitenden Konjunktionen. Im Folgenden werden nun mit sog. Thema/Rhema-Strukturen, der einfachen Argumentation sowie einigen elementaren logischen Schlussverfahren drei weitere Verknüpfungsarten vorgestellt.

Unter einem Thema versteht man in der Linguistik denjenigen Bestandteil eines Satzes oder Textes, der im vorangegangenen Text bereits eingeführt wurde; das Rhema ist in Entsprechung hierzu derjenige Teil, der neu bzw. unbekannt ist. Jeder Text beginnt somit mit einem Rhema, dessen Teile als Themen im weiteren Verlauf aufgegriffen und mit neuen Rhemata verknüpft werden können. Auf diese Weise entstehen Thema/Rhema-Ketten, die sich durch den ganzen Text ziehen und seinen Zusammenhang herstellen (vgl. Abb. 3.2, in welcher die Themata jeweils kursiv und die Rhemata jeweils recte erscheinen).

Thema/Rhema-Gliederungen

Auf dem Höhepunkt der deutschen Aufklärung erscheint Kants „Kritik der reinen Vernunft" (1781/²1787).	Rhema 1	
Die „Kritik" gehört zu den bedeutendsten Werken des berühmten Philosophen.	*Thema 1*	Rhema 2
Zu *diesen Werken* zählen im Weiteren die „Kritik der praktischen Vernunft" (1788) sowie die „Kritik der Urtheilskraft" (1790)	*Thema 2*	Rhema 3
Sie werden bisweilen auch als die „drei Kritiken" Kants zusammengefasst.	*Thema 3*	Rhema 4

Abb. 3.2 | Thema/Rhema-Gliederung
(*Thema* = kursiv; Rhema = recte)

Eine einfache Argumentation setzt sich aus drei Teilen zusammen, die in einem engen inhaltlichen Zusammenhang stehen und somit zur Verknüpfung von einzelnen Sätzen oder ganzen Text-

Einfache Argumentation

teilen beitragen: Den ersten Teil bildet die Behauptung (These), den zweiten die Begründung und den dritten dann der Beleg bzw. das Beispiel. Das folgende Beispiel illustriert diesen „Dreisatz" aus Behauptung, Begründung und Beleg (vgl. Abb. 3.3):

Knollenblätterpilze dürfen nicht gegessen werden.	Behauptung
Denn der Genuss des Knollenblätterpilzes ist tödlich, da er hohe Mengen der Gifte Amatoxin und Phallotoxin enthält.	Begründung
Jährlich sterben einige Pilzsammler an Knollenblätterpilzen, da sie diese mit Champignons verwechseln und in einem Pilzgericht zu sich nehmen.	Beleg, Beispiel

Abb. 3.3 | Aufbau einer einfachen Argumentation

Logische Schlussverfahren

Ein weiteres Charakteristikum fachlicher Texte ist der Einsatz logischer Schlussverfahren, um eine Argumentation möglichst präzise zu führen (Bayer ²2007; Beckermann 2011). Hierfür seien im Folgenden wiederum drei Beispiele gegeben (vgl. Abb. 3.4), der Syllogismus sowie der Modus ponens (aus lat. *modus* ‚Schlussfigur' und *ponere* ‚setzen') und der Modus tollens (lat. *tollere* ‚aufheben'):

- Im Falle eines Syllogismus (aus griech. συλ-λογισμός, *syllogismos*, (das) Zusammenrechnen') wird von zwei Aussagen bzw. „Prämissen" ausgegangen (einem sog. Ober- und einem Untersatz), die zusammen drei Begriffe mit jeweils unterschiedlichem Abstraktionsgrad enthalten (im folgenden Beispiel „Champignon", „Pilze" und „giftig"). In der Schlussfolgerung bzw. der „Konklusion" wird der Begriff mit mittlerem Abstraktionsgrad herausgekürzt (hier also „Pilze").
- Beim Modus ponens (aus lat. *modus* ‚Schlussfigur' und *ponere* ‚setzen') wird in einem ersten Schritt von einer Prämisse ausgegangen, in der eine Bedingung und deren Folge formuliert sind. In einem zweiten Schritt wird dann die Bedingung angenommen (gesetzt), wodurch dann drittens auf die Bestätigung der Folge geschlossen wird.
- Beim Modus tollens (lat. *tollere* ‚aufheben') wird genau anders herum verfahren, indem zunächst ebenfalls aus einer Prämisse aus Bedingung und Folge ausgegangen wird, um dann je-

doch nicht die Bedingung anzunehmen, sondern die Folge abzulehnen (aufzuheben), sodass letztlich auch auf die Ablehnung der Bedingung selbst zu schließen ist.

Syllogismus

Alle Pilze sind giftig	1. Prämisse
Champignons sind Pilze	2. Prämisse
Champignons sind giftig	Konklusion

Modus ponens

Wenn Champignons Pilze sind, dann sind sie giftig	1. Prämisse
Champignons sind Pilze	2. Prämisse
Champignons sind giftig	Konklusion

Modus tollens

Wenn Champignons Pilze sind, dann sind sie giftig	1. Prämisse
Champignons sind nicht giftig	2. Prämisse
Champignons sind keine Pilze	Konklusion

Abb. 3.4 | Logische Schlussverfahren

Übung 3.5

Die Konklusionen der drei Schlüsse in Abbildung 3.4 sind offensichtlich richtig, mit Bezug auf die Wirklichkeit aber unwahr. Überlegen Sie, wie dies zustande kommt.

3.4 Ökonomie: Ausdruckskürze

Ein landläufiges Urteil bescheinigt fachlichen Texten ein hohes Maß an sprachlicher Kürze: Fachliche Kommunikation zeichnet sich hiernach durch das Streben nach sprachlicher Ökonomie aus. Dieses Urteil gilt es zunächst zu differenzieren. Im Anschluss hieran werden zwei zentrale Verfahren zur Kürzung –

zum einen von Wörtern und Phrasen und zum anderen von ganzen Texten – umrissen.

3.4.1 Sprachliche Ökonomie und kommunikative Effizienz

Effizienz des kommunikativen Aufwands oder Ergebnisses

Sprachliche Ökonomie folgt nicht dem sog. Minimax-Prinzip, dem zufolge ein maximales kommunikatives Ergebnis mit einem minimalen kommunikativen Aufwand erzielt wird. Hierbei würde durch fast nichts fast alles gesagt: Dies widerspricht dem fachkommunikativen Streben nach Präzision und Differenzierung. Sprachliche Ökonomie wird vielmehr dadurch erreicht, dass eine dieser beiden Variablen (also Aufwand oder Ergebnis) konstant gehalten und die andere Variable optimiert wird; es sind also zwei Spielarten sprachlicher Ökonomie zu unterscheiden (Roelcke 2002b; 2007):

- Effizienz des kommunikativen Aufwands: Ein bestimmtes kommunikatives Ergebnis wird durch einen minimalen kommunikativen Aufwand erzielt.
- Effizienz des kommunikativen Ergebnisses: Durch einen bestimmten kommunikativen Aufwand wird ein maximales kommunikatives Ergebnis erzielt.

Im Hinblick auf fachsprachliche Kommunikation ist meist von Effizienz des kommunikativen Aufwands die Rede – also von den Möglichkeiten, bestimmte Inhalte oder Anweisungen möglichst kurz auszudrücken. Zwei solche Möglichkeiten haben wir bereits kennengelernt: Zum einen die Verwendung von fest definierten Fachwörtern anstelle ihrer (mehr oder weniger umfangreichen) Definitionen, und zum anderen Komposita, die ebenfalls weitaus ökonomischer sind als Sätze oder Teilsätze aus mehreren Wörtern. Im Folgenden werden zwei weitere Erscheinungen betrachtet: die Kurzwortbildung und die Verwendung von Textbauplänen.

3.4.2 Kurzwortbildung

Die Bildung von Kurzwörtern setzt im 19. Jh. ein und ist in den Fachsprachen der Gegenwart weit verbreitet. Kurzwörter entstehen durch Kürzung längerer Worteinheiten und bilden in der Regel Varianten der parallel im Wortschatz vorhandenen Langform (wie etwa im Falle „Abi" und „Abitur"). Es werden je nach den Wortbestandteilen, die bei dem Kürzungsprozess erhalten bleiben, folgende Typen der Kurzwortbildung unterschieden:

- Kopfwörter (der vordere Teil des Vollwortes bleibt erhalten): „Auto" für „Automobil", „Prof" für „Professor", „Kilo" für „Kilogramm" (nicht aber für „Kilometer");
- Schwanzwörter (der hintere Teil bleibt erhalten): „Bus" für „Omnibus", „Fax" für „Telefax" bzw. „Telefaksimile", „Cello" für „Violoncello";
- Klammerwörter (die Mitte des Vollwortes wird ausgespart): „Krad" für „Kraftrad", „Ozonloch" für „Ozonschichtloch".
- Initialwörter: „LKW" für „Lastkraftwagen", „DIN" für „Deutsches Institut für Normung";
- Silbenwörter: „Azubi" für „Auszubildender", „Kripo" für „Kriminalpolizei".

Arten von Kurzwörtern

An den Beispielen „DNS" und „AIDS" wird rasch ein weiterer Vorteil von Kurzwörtern für die fachliche Kommunikation deutlich: Sie sind oft wesentlich leichter zu schreiben oder auszusprechen (als in diesem Falle etwa „Desoxyribonukleinsäure" oder „Acquired Immune Deficiency Syndrome"). Da manche Kurzwörter aus diesen Gründen ausgesprochen häufig verwendet werden, geraten die entsprechenden Vollformen bisweilen weitgehend in Vergessenheit – so etwa im Falle von „EDEKA" aus „E.d.K." bzw. „Einkaufsgenossenschaft der Kolonialwarenhändler im Halleschen Torbezirk zu Berlin" (gegründet 1898).

3.4.3 Textbaupläne

Fachtexte zeigen meist einen ganz bestimmten Aufbau, eine (mehr oder weniger verbindlich festgelegte) Grob- oder auch Makrostruktur; sie folgen einem mehr oder weniger verbindlich festgelegten Textbauplan. Ein bekanntes, vielleicht schon lebenswichtiges Beispiel hierfür sind Packungsbeilagen für Medikamente, sog. „Waschzettel" oder „Beipackzettel". Deren Aufbau ist laut Arzneimittelgesetz 1976/2014 wie folgt geregelt (vgl. Abb. 3.5):

§ 11 Packungsbeilage
(1) Fertigarzneimittel, die Arzneimittel im Sinne des § 2 Abs. 1 oder Abs. 2 Nr. 1 sind und die nicht zur klinischen Prüfung oder Rückstandsprüfung bestimmt oder nach § 21 Abs. 2 Nr. 1a 1b oder 6 von der Zulassungspflicht freigestellt sind, dürfen im Geltungsbereich dieses Gesetzes nur mit einer Packungsbeilage in den Verkehr gebracht werden, die die Überschrift „Gebrauchsinformation" trägt sowie folgende Angaben in der nachstehenden Reihenfolge allgemein verständlich in deutscher Sprache, in gut lesbarer Schrift und in Übereinstimmung mit den Angaben nach § 11a enthalten muss:
1. zur Identifizierung des Arzneimittels:
    a) die Bezeichnung des Arzneimittels, § 10 Abs. 1 Satz 1 Nr. 2 finden entsprechende Anwendung,
    b) die Stoff- oder Indikationsgruppe oder die Wirkungsweise;
2. die Anwendungsgebiete;
3. eine Aufzählung von Informationen, die vor der Einnahme des Arzneimittels bekannt sein müssen:
    a) Gegenanzeigen,
    b) entsprechende Vorsichtsmaßnahmen für die Anwendung,
    c) Wechselwirkungen mit anderen Arzneimitteln oder anderen Mitteln, soweit sie die Wirkung des Arzneimittels beeinflussen können,
    d) Warnhinweise, insbesondere soweit dies durch Auflage der zuständigen Bundesoberbehörde nach § 28 Abs. 2 Nr. 2 angeordnet oder durch Rechtsverordnung nach § 12 Abs. 1 Nr. 3 vorgeschrieben ist;
4. die für eine ordnungsgemäße Anwendung erforderlichen Anleitungen über
    a) Dosierung,
    b) Art der Anwendung,
    c) Häufigkeit der Verabreichung, erforderlichenfalls mit Angabe des genauen Zeitpunkts, zu dem das Arzneimittel verabreicht werden kann oder muss, sowie, soweit erforderlich und je nach Art des Arzneimittels,
    d) Dauer der Behandlung, falls diese festgelegt werden soll,
    e) Hinweise für den Fall der Überdosierung, der unterlassenen Einnahme oder Hinweise auf die Gefahr von unerwünschten Folgen des Absetzens,
    f) die ausdrückliche Empfehlung, bei Fragen zur Klärung der Anwendung den Arzt oder Apotheker zu befragen;
5. eine Beschreibung der Nebenwirkungen, die bei bestimmungsgemäßem Gebrauch des Arzneimittels eintreten können; bei Nebenwirkungen zu ergreifende Gegenmaßnahmen, soweit dies nach dem jeweiligen Stand der wissenschaftlichen Erkenntnis erforderlich ist; bei allen Arzneimitteln, die zur Anwendung bei Menschen bestimmt sind, ist zusätzlich ein Standardtext aufzunehmen, durch den die Patienten ausdrücklich aufgefordert werden, jeden Verdachtsfall einer Nebenwirkung ihren Ärzten, Apothekern, Angehörigen von Gesundheitsberufen oder unmittelbar der zuständigen Bundesoberbehörde zu melden, wobei die Meldung in jeder Form, insbesondere auch elektronisch, erfolgen kann;

6. einen Hinweis auf das auf der Verpackung angegebene Verfalldatum sowie
    a) Warnung davor, das Arzneimittel nach Ablauf dieses Datums anzuwenden,
    b) soweit erforderlich besondere Vorsichtsmaßnahmen für die Aufbewahrung und die Angabe der Haltbarkeit nach Öffnung des Behältnisses oder nach Herstellung der gebrauchsfertigen Zubereitung durch den Anwender,
    c) soweit erforderlich Warnung vor bestimmten sichtbaren Anzeichen dafür, dass das Arzneimittel nicht mehr zu verwenden ist,
    d) vollständige qualitative Zusammensetzung nach Wirkstoffen und sonstigen Bestandteilen sowie quantitative Zusammensetzung nach Wirkstoffen unter Verwendung gebräuchlicher Bezeichnungen für jede Darreichungsform des Arzneimittels, § 10 Abs. 6 findet Anwendung,
    e) Darreichungsform und Inhalt nach Gewicht, Rauminhalt oder Stückzahl für jede Darreichungsform des Arzneimittels,
    f) Name und Anschrift des pharmazeutischen Unternehmers und, soweit vorhanden, seines örtlichen Vertreters,
    g) Name und Anschrift des Herstellers oder des Einführers, der das Fertigarzneimittel für das Inverkehrbringen freigegeben hat;
7. bei einem Arzneimittel, das unter anderen Bezeichnungen in anderen Mitgliedstaaten der Europäischen Union nach den Artikeln 28 bis 39 der Richtlinie 2001/83/EG für das Inverkehrbringen genehmigt ist, ein Verzeichnis der in den einzelnen Mitgliedstaaten genehmigten Bezeichnungen;
8. das Datum der letzten Überarbeitung der Packungsbeilage.
[...]

Abb. 3.5 | Gesetz über den Verkehr mit Arzneimitteln (1976/2014), Ausschnitt

Der Nutzen solcher Textbaupläne ist offensichtlich: Zum einen ist durch solche festen Muster gewährleistet, dass bestimmte Textinhalte an bestimmten Textstellen berücksichtigt werden und damit leicht aufzufinden sind. Zum anderen bedarf es keiner Erläuterungen des Textaufbaus, was die Gestaltung des Textes selbst erheblich kürzer macht und somit zur kommunikativen Effizienz beiträgt. Experten zeichnen sich dadurch aus, dass sie mit den Textbauplänen innerhalb ihrer Fächer jeweils vertraut sind und diese in Produktion und Rezeption beherrschen; erst unter dieser wichtigen Voraussetzung kommt die sprachliche Ökonomie in Erscheinung.

Übung 3.6

Das Literaturverzeichnis des vorliegenden Werks folgt mit einheitlichen Literaturangaben ebenfalls einem festen Textbauplan. Untersuchen Sie dieses Verzeichnis und verfassen Sie eine entsprechende Anweisung für die Angabe einer Monographie.

3.5 Anonymisierung und Objektivierung

Die Aussagen fachlicher Texte sehen sich in der Regel der Wahrheit verpflichtet und streben somit eine möglichst objektive Darstellung der Gegenstände und Sachverhalte an. Angesichts dieses Strebens nach Objektivität tritt der Autor des Textes (nach westeuropäischem Ideal) mit seinen subjektiven Vorstellungen und Wertungen in den Hintergrund, sodass letztlich ein höheres Maß an Allgemeingültigkeit bzw. Allgemeinverbindlichkeit des Gesagten oder Geschriebenen suggeriert wird. Im Folgenden werden einige sprachliche Verfahren einer solchen Anonymisierung und Objektivierung von fachlichen Texten – der Veranschaulichung halber teils aufeinander aufbauend – vorgestellt (vgl. auch Hennig/Niemann 2013).

3.5.1 Bevorzugung der 3. Person

In der Grammatik wird mit dem Pronomen der ersten Person Singular auf das sprachlich handelnde Subjekt (das sog. Agens) Bezug genommen; vgl. Beispiel 1:
1) „Ich habe in meiner neuen Studie wichtige Erkenntnisse über die sozialen Auswirkungen des Klimawandels gewonnen."

Pluralis modestiae   Um diese persönlich-subjektive Formulierung zu objektivieren, ist es im Deutschen möglich, auf den Plural der Bescheidenheit (den Pluralis modestiae – nicht zu verwechseln mit dem Pluralis maiestatis) zu rückzugreifen; vgl. Beispiel 2:
2) „*Wir haben* in unserer neuen Studie wichtige Erkenntnisse über die sozialen Auswirkungen des Klimawandels *gewonnen*."

Eine andere Möglichkeit besteht darin, auf das Personalprono-   3. Person
men in der 1. Person (Singular bzw. Plural) zu verzichten und an
dessen Stelle ein unpersönliches Pronomen (Beispiel 3) oder ein
entsprechendes Substantiv (Beispiel 4) in Verbindung mit der 3.
Person zu verwenden.

3) „*Man hat* in der neuen Studie wichtige Erkenntnisse über die
sozialen Auswirkungen des Klimawandels *gewonnen.*"

4) „*Der Autor hat* in der neuen Studie wichtige Erkenntnisse über
die sozialen Auswirkungen des Klimawandels *gewonnen.*"

Zu beachten ist, dass diese Beispiele in ihrer Bedeutung nicht   Objektivität als Ideal
vollkommen deckungsgleich sind: Während die Referenz bzw. der   der Aufklärung
Bezug der Sätze 1 und 2 auf einen bestimmten Autor eindeutig
ist, bleibt sie in den Beispielen 3 und 4 offen; das Dargestellte
(hier der Hinweis auf neue Erkenntnisse zum Klimawandel) wird
also seiner konkreten Situation (der Gewinnung durch einen bestimmten Autor) bis zu einem gewissen Grad enthoben. Genau
diese Offenheit ist es aber, die die Subjektivität des in diesem
Falle genannten Erkenntnisprozesses verringert und somit eine
gewisse Anonymität und Objektivität suggeriert, die für sich genommen nicht gegeben sein muss. Angesichts dieses suggesti-
ven Charakters wird deutlich, dass der Anspruch auf Objektivität
nicht als charakteristisch für fachliche Kommunikation überhaupt gelten darf, sondern so etwas wie ein fachliches Ideal darstellt, das einer bestimmten (westeuropäischen) Tradition ent-
springt (nämlich derjenigen der Aufklärung im 17./18. Jh.).

3.5.2 Präsens- und Passivkonstruktionen

In den Beispielen 1 bis 4 wird die handelnde bzw. schreibende   Präsens
Person ausdrücklich erwähnt und deren wissenschaftliches Handeln durch den Gebrauch des Perfekts mit der Gegenwart in Verbindung gebracht. Dieser temporale Bezug kann entfallen, indem
anstelle des Perfekts das Präsens verwendet wird (Beispiel 5):

5) „Der Autor *gewinnt* in der neuen Studie wichtige Erkenntnisse
über die sozialen Auswirkungen des Klimawandels."

Da das Präsens im Deutschen atemporal, also ohne Zeitbezug
verwendet werden kann, wird durch dessen Gebrauch die Situa-
tionalität des Dargestellten um ein Stück verringert, sodass es

wiederum ein höheres Maß an Anonymität und Objektivität erfährt. – Der Gebrauch des historischen Präsens anstelle des erzählenden Präteritums ist im Übrigen ein wichtiges Charakteristikum geschichtswissenschaftlicher Texte; etwa wenn es heißt: „Kolumbus *entdeckt* 1592 Amerika" – und nicht: „Kolumbus *entdeckte* 1592 Amerika".

Passiv Wird statt des Aktivs das Passiv verwendet, kann das Agens auch ganz wegfallen – muss es aber nicht (vgl. Beispiel 6):

6) „In der neuen Studie *werden* [vom Autor] wichtige Erkenntnisse über die sozialen Auswirkungen des Klimawandels *gewonnen*."

Alternative Konstruktionen Einen vergleichbaren Effekt erzielen hier auch alternative Konstruktionen mit einem Reflexivpronomen (Beispiel 7), solche mit einem Hilfsverb und einem Vollverb im Infinitiv (Beispiel 8) oder solche unter Verwendung des Suffixes „-bar" (Beispiel 9). Auch hier ist zu beachten, dass die Bedeutung der verschiedenen Sätze nicht deckungsgleich ist, sondern mehr oder weniger differiert, auch wenn ihnen eine Anonymisierung bzw. Objektivierung des Gesagten durch die fehlende Angabe des Agens bzw. handelnden Subjektes gemeinsam ist:

7) „Aus der neuen Studie über die sozialen Auswirkungen des Klimawandels ergeben *sich* ernsthafte Konsequenzen."

8) „Aus der neuen Studie über die sozialen Auswirkungen des Klimawandels *sind* ernsthafte Konsequenzen *zu erwarten*."

9) „Aus der neuen Studie über die sozialen Auswirkungen des Klimawandels *sind* ernsthafte Konsequenzen *erwartbar*."

Verständnisprobleme Mit dem Gebrauch von Passiv-, Reflexiv- oder Infinitivkonstruktionen können Schwierigkeiten im Verständnis des entsprechenden Textes verbunden sein, da das handelnde Subjekt (das Agens) nicht bekannt ist (davon sind insbesondere auch Schülerinnen und Schüler im Übergang von der Primar- zur Sekundarstufe betroffen, wenn deren Abstraktionsvermögen noch nicht hinreichend ausgebildet ist). So lässt etwa der folgende Hinweis mit einer Passivkonstruktion (Beispiel 10) eine ganze Reihe an Interpretationen zu:

10) „Aus der neuen Studie über die sozialen Auswirkungen des Klimawandels werden ernsthafte Konsequenzen gezogen."

Dieser Satz lässt offen, von wem welche Konsequenzen aus der Studie gezogen werden – wissenschaftliche von Klimaforschern, technische von Energiewirtschaft und Schwerindustrie, ökonomische vom Finanzsektor, politische von der internationalen Staatengemeinschaft oder gar persönliche von bestimmten Einzelpersonen. Selbst wenn die erwähnten Konsequenzen hier konkret benannt würden, bliebe noch offen, von wem diese denn im Einzelfalle gezogen werden, da das Agens nicht genannt ist.

3.5.3 Substantivierungen

Eine weitere Erscheinung der deutschen Fachsprachen, die als Beitrag zur Objektivierung des Gesagten anzusehen ist, sind Substantivierungen. Hierbei handelt es sich Wortbildungen, bei denen aus einem Verb (etwa: „untersuchen") ein Substantiv entsteht – etwa durch Derivation bzw. Ableitung (hier also „[die] Untersuchung") oder durch sog. Infinitiv-Konversion („[das] Untersuchen"). Solche Substantivierungen, bei denen der dynamische Charakter eines Verbs zu dem eher statischen eines Substantivs verschoben wird, können sich auf den Prozess (Beispiel 11) oder auf das Produkt (Beispiele 12 und 13) eines Vorganges oder einer Handlung beziehen:

Arten der Substantivierung

11) „Die *Untersuchung* [das *Untersuchen*] der sozialen Auswirkungen des Klimawandels ist ein langwieriger Prozess".
12) „Die *Untersuchung* der sozialen Auswirkungen des Klimawandels liegt nach einem langwierigem Prozess vor".
13) „Von der *Untersuchung* der sozialen Auswirkungen des Klimawandels sind zahlreiche Impulse für Technik, Wirtschaft und Politik zu erwarten".

Substantivierungen von Verben erscheinen etwa zusammen mit Hilfsverben (Beispiel 11), mit anderen Vollverben (Beispiel 12) oder in Verbindung mit Präpositionen (Beispiel 13). Darüber hinaus können sie auch gemeinsam mit einer Präposition und einem sog. „Funktionsverb" erscheinen, das die ursprüngliche syntaktische Funktion des substantivierten Vollverbs übernimmt. Wie der Vergleich von „untersuchen" und „[in] Untersuchung nehmen" rasch zeigt, entsprechen die Bedeutungen von Vollverb einerseits sowie Substantivierung und Funktionsverb andererseits einander jedoch nicht immer in vollem Umfang (vgl. Abb. 3.6).

Funktionsverben

Vollverb	Substantivierung	Funktionsverben
untersuchen	[zur] Untersuchung	kommen bringen
	[in] Untersuchung	geraten nehmen
		[...]

Abb. 3.6 | Vollverb, Substantivierung und Funktionsverben (Beispiel)

Kollokationen Eine ganz ähnliche Wirkung entfaltet auch der Gebrauch von Substantivierungen zusammen mit semantisch blassen Verben im Rahmen von sog. Kollokationen (vgl. Abb. 3.7). Hierbei bilden die Substantivierungen zusammen mit Verben, die lediglich eine abstrakte Bedeutung aufweisen, sprachliche Einheiten, die den Vollverben (lediglich mehr oder weniger genau) entsprechen (zum Beispiel „untersuchen" ≈ „[eine] Untersuchung durchführen"):

Vollverb	Substantivierung	Blasse Verben
untersuchen	[eine] Untersuchung	machen durchführen vornehmen anleiten durchziehen [...]

Abb. 3.7 | Vollverb, Substantivierung und blasse Verben (Beispiel)

Modalität Die zwei Aufstellungen von Funktionsverben und semantisch blassen Verben in Kollokationen lassen deutlich werden, dass diese jeweils nicht allein die grammatische Funktion des ursprünglichen Vollverbs übernehmen, sondern auch weitere Aspekte der Handlung zum Ausdruck bringen (vgl. etwa „[passiv] geraten" vs. „[aktiv] nehmen", „[rasch] durchziehen" vs. „[ruhig] durchführen" oder „[andere] anleiten" vs. „[selbst] durchführen"). Hier besteht nun eine Vielzahl an Möglichkeiten, so etwas wie Sprechereinstellungen zum Gesagten (sog. „Modalität") zu kennzeichnen.

Übung 3.7

Walther von Hahn führt in seinem Werk „Fachkommunikation" (1983, 113) vier Beispielsätze an, anhand derer er eine „zunehmende Anonymisierung" demonstriert:

1) Als ich die Flüssigkeit abgoss, sah ich einen braunen Bodensatz.
2) Wenn man die Flüssigkeit abgießt, sieht man einen braunen Bodensatz.
3) Wird die Flüssigkeit abgegossen, zeigt sich ein brauner Bodensatz.
4) Nach Abgießen der Flüssigkeit ist ein brauner Bodensatz sichtbar (zu sehen).

Analysieren Sie diese vier Sätze hinsichtlich sprachlicher Verfahren der Anonymisierung!

3.6 Nichtsprachliche Zeichen

Fachtexte bestehen oft nicht allein aus Sprache, sondern weisen auch nichtsprachliche Elemente auf. Hierzu zählen verschiedene Typen und Kombinationen von Symbolen und Formeln sowie Abbildungen und Tabellen.

3.6.1 Zahlen, Symbole und Formeln

Zahlreiche Fachsprachen nutzen Zahlen, Symbole und Formeln, um ihre Inhalte unabhängig von einzelnen Sprachen möglichst präzise auszudrücken. Bekanntestes Beispiel ist hier sicher die Mathematik. So wird etwa in der Statistik die Varianz anhand der folgenden Formel berechnet, in der sowohl Zahlen als auch Symbole erscheinen, die in der anschließenden Legende aufgelöst werden (Abb. 3.8):

$$v(x) = s^2 = \frac{1}{n} \sum_{i=1}^{n} (x_i - \bar{x})^2$$

x_i = Wert eines Falls
$\bar{x}$ = Mittelwert
n = Anzahl der Fälle

Abb. 3.8 | Mathematische Formel für Varianz (einschließlich Legende)

Symbole finden sich indessen nicht allein der Mathematik: Zu denken ist hier auch an solche für physikalische Größen, chemische Elemente oder kartographische Angaben. Ein weiteres Beispiel ist die folgende Summengleichung für Fotosynthese aus dem Bereich der organischen Chemie:

$6\ CO_2 + 12\ H_2O \rightarrow C_6H_{12}O_6 + 6\ O_2 + 6\ H_2O$

Auch die phonetische Tabelle in Abbildung 3.9 enthält Symbole, nämlich die einer linguistischen Vereinigung im Bereich der Lautlehre, der International Phonetic Association (den sog. „IPA-Code").

3.6.2 Abbildungen und Tabellen

Illustrative oder konstitutive Funktion

Aufgrund der verbesserten technischen Möglichkeiten im Zeitalter der elektronischen Datenverarbeitung erfreuen sich Graphiken in der Fachliteratur wachsender Beliebtheit. Abbildungen und Tabellen erfüllen hier entweder eine illustrative oder eine konstitutive Funktion – je nachdem, ob sie die Informationen des sprachlichen Textes lediglich veranschaulichen oder eigene Informationen zum Textganzen beisteuern. Das didaktische Potential des Zusammenspiels von sprachlichem Text und nichtsprachlichen Graphiken ist bislang noch nicht hinreichend ausgelotet.

Typen graphischer Darstellungen

Ein gutes Beispiel für die systematische Verbindung von Text und Graphik stellt die Reihe der dtv-Atlanten des Deutschen Taschenbuchverlags dar. Im dtv-Atlas Deutsche Sprache finden sich unter dem Titel „Der Laut (Phonetik und Phonologie) I" neben dem sprachlichen Text zwei typische Graphiken (vgl. Abb. 3.9). Die obere Graphik zeigt auf der linken Seite eine Schemazeichnung der menschlichen Artikulationsorgane und auf der rechten Seite eine einfache Tabelle, in der die einzelnen Organe entsprechenden Lautbezeichnungen zugeordnet werden; die untere Graphik besteht aus einer Matrixdarstellung, in die Konsonanten der deutschen Sprache anhand der Angabe verschiedener Artikulationsorte in der Horizontalen und Artikulationsarten in der Vertikalen bestimmt werden.

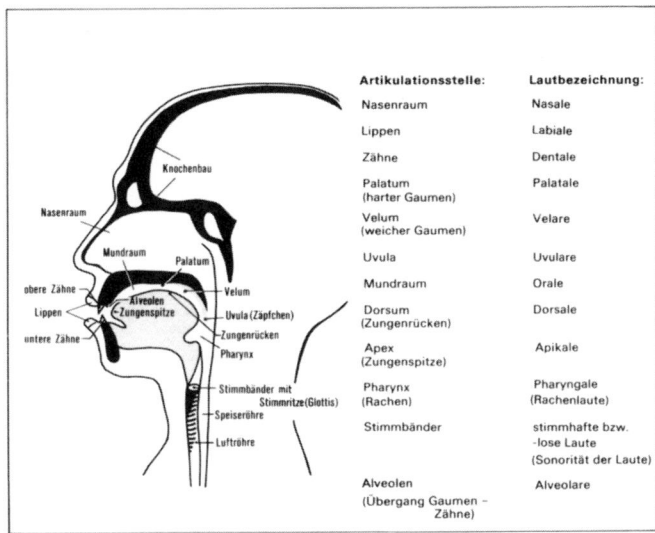

Schema des menschlichen Sprechapparates

Artikulationsart			bilabial	labio-dental	dental/alveolar	palatal	velar	uvular	glottal
OBSTRUENTEN	Verschluß-laute (Explosive)	stimmhaft /lenis	b		d		g		
		stimmlos /fortis	p		t		k		
	Reibe-laute (Frikative)	stimmhaft /lenis		(>w<) v	z	j	ʁ		
		stimmlos /fortis		f	(>sch<) s š *dorsal*	(ich) ç	(ach) x		h
SONANTEN	Nasale		m		n		(>ng<) ŋ		
	Liquide	dauernd/lateral			l				
		intermittierend /vibrierend			r		R		

* und mit Lippenrundung

Konsonanteninventar des Deutschen

Abb. 3.9 | Der Laut (Phonetik und Phonologie)

3 Formen und Funktionen von Fachsprachen

Abbildungen in Unterrichtsmaterial

Auch und gerade in schulbezogenem Lehr- und Unterrichtsmaterial sind oft zahlreiche Abbildungen ganz unterschiedlicher Art zu finden. Hierzu gehören Fotografien von historischen Ereignissen oder Personen (Abb. 3.10, die beides verbindet), kartographische Darstellungen (Abb. 3.11 mit umfassender Legende), Zeichnungen von Gegenständen oder Lebewesen (Abb. 3.12, in der Zeichnungen von Tieren in eine matrixartige Tabelle integriert sind) oder schematische Darstellungen wie sog. Flussdiagramme, in denen Prozesse durch Pfeile wiedergegeben werden (Abb. 3.13).

Abb. 3.10 | Kniefall Willy Brandts vor dem Denkmal für die Opfer des Warschauer Ghettoaufstands am 7. Dezember 1970

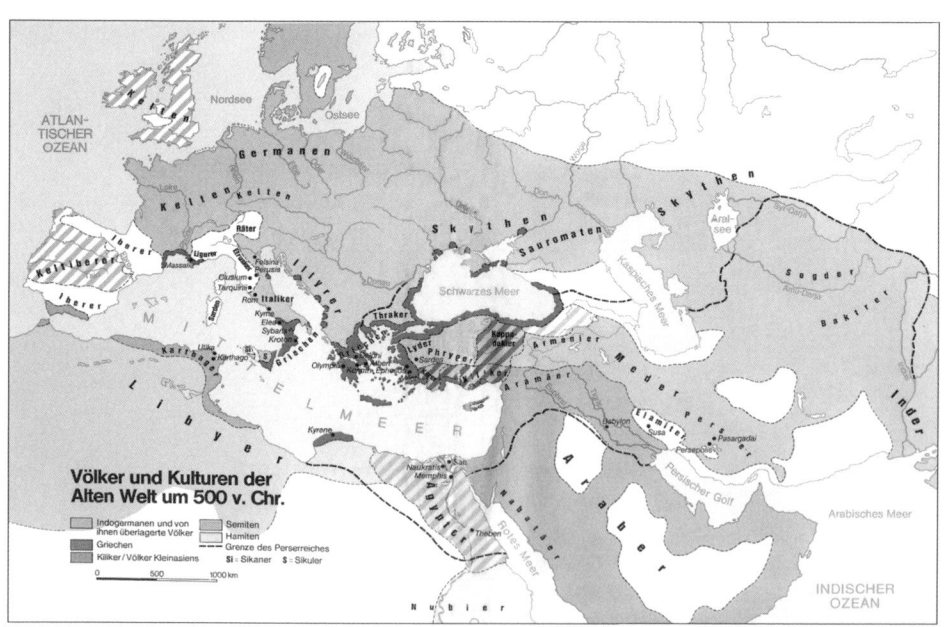

Abb. 3.11 | Völker und Kulturen der alten Welt

Nichtsprachliche Zeichen 3.6

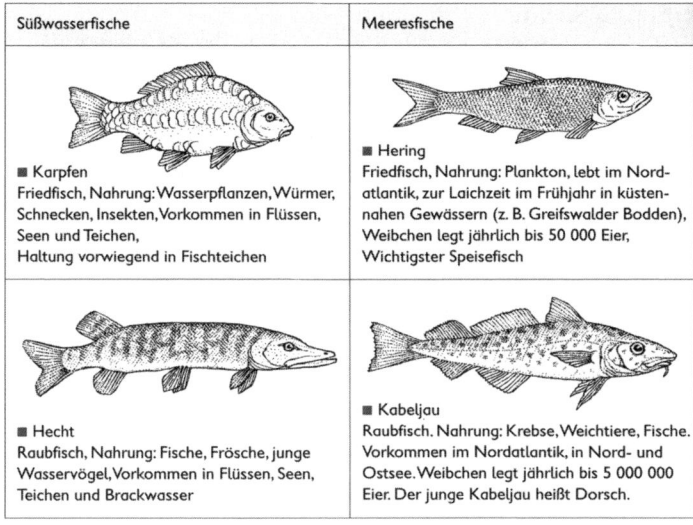

Abb. 3.12 | Einteilung der Fische

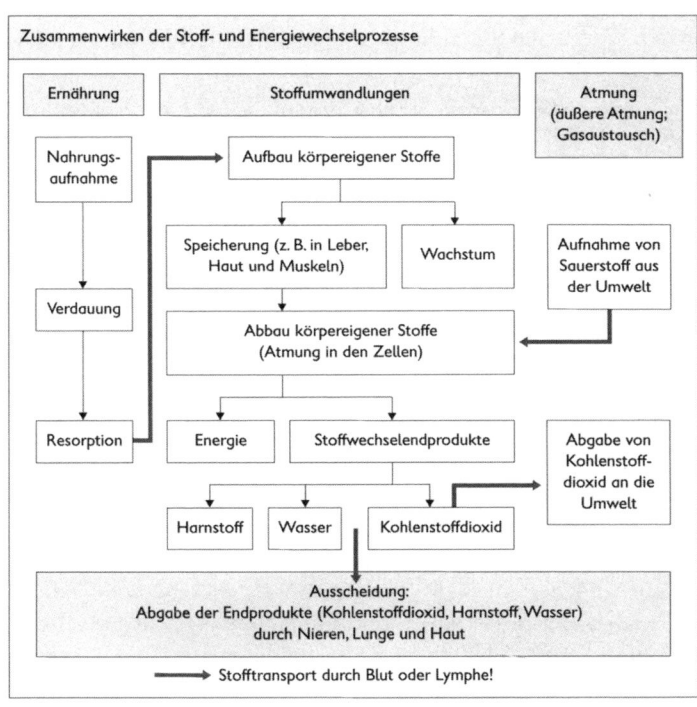

Abb. 3.13 | Zusammenwirken der Stoff- und Energiewechselprozesse

3.7 Gliederung von Fachsprachen

Es gibt nicht *die* eine Fachsprache. Im Deutschen finden sich vielmehr zahlreiche verschiedene Fachsprachen, die sich nach unterschiedlichen Kriterien gliedern lassen. Zu den wichtigsten gehören dabei die horizontale Gliederung nach verschiedenen Fächern, die vertikale Gliederung nach kommunikativen Bereichen sowie die Unterscheidung nach diversen Textsorten. Hinsichtlich keiner dieser drei Bereiche herrscht in der Literatur Einigkeit (vgl. Roelcke 2010, 29–54), sodass hier nur grundsätzliche Unterscheidungen vorgestellt werden (vgl. zum Folgenden auch Roelcke 2014c).

3.7.1 Gliederung nach verschiedenen Fächern (horizontale Gliederung)

In der germanistischen Sprachwissenschaft hat sich die Unterscheidung von drei fachlichen Bereichen durchgesetzt: Sprache in den Wissenschaften (darunter die der Natur- und die der Geisteswissenschaften); Sprache der Technik (Insbesondere die der Produktion und die der Fertigung); und Sprache in Institutionen (offen zur Sprache des Dienstleistungssektors oder zu der der Wirtschaft).

Bekannte Fachsprachen

In dem Handbuch „Fachsprachen" (Hoffmann/Kalverkämper/Wiegand 1998/99, 1020–1369), das die germanistische und internationale Fachsprachenforschung systematisch erfasst und aufarbeitet, werden demgegenüber vier horizontale Bereiche unterschieden, in denen jeweils die Sprache bekannter Einzelfächer vorgestellt werden:
- Fachsprachen der Urproduktion und des Handwerks (unter Berücksichtigung dialektaler Verhältnisse): Reepschläger, Fischereiwesen, Schifffahrt, Müllerei, Käserei, Molkerei, Maurerwesen, Holzverarbeitung, Imkerei, Winzertum, Bergbau, Buchdruckerei, Jägerei und Viehzucht.
- Technische Fachsprachen und Fachsprachen angewandter Wissenschaften: Gießereitechnik, Kraftfahrzeugtechnik, Elektrotechnik, Informatik, Verfahrenstechnik, Wärmetechnik/Feuerungstechnik, Maschinen- und Anlagentechnik, Textilwesen, Eisenbahnwesen, Seefahrt und Telekommunikation.

- Wissenschaftliche Fachsprachen: Mathematik, Physik, Chemie, Biologie, Pharmazie, Medizin, juristische Wissenschaft, Wirtschaftsfachsprache, Theologie, Erziehungswissenschaft, Philosophie, Musikwissenschaft, Sprachwissenschaft, Literaturwissenschaft und Ökologie.
- Institutionensprachen: Politische Fachsprache, juristische Fachsprache und Verwaltungssprache.

Es ist zu beachten, dass diese Aufstellung nicht all diejenigen Fachsprachen nennt, die (im deutschen Sprachraum) bestanden haben oder bestehen, sondern nur diejenigen, die aus Sicht der germanistischen Sprachwissenschaft als verhältnismäßig gut erforscht gelten dürfen. Eine verhältnismäßig feste Fächergliederung, wie sie noch im Mittelalter mit den septem artes liberales (den sieben freien Künsten) usw. bestand, kann indessen für die Gegenwart nicht angesetzt werden, im Gegenteil: Die zunehmende Differenzierung der akademischen Studienfächer und der diversen Ausbildungsberufe sowie die wachsende Tendenz, an Schulen Fächerverbünde zu unterrichten, zeigen, dass die Fächerlandschaft nicht nur ausgesprochen reich, sondern auch dynamisch und flexibel ist. Hierfür sind nicht zuletzt auch die Internationalisierung bzw. Globalisierung unserer Welt sowie die Expansion der sog. „Neuen Medien", die bisweilen zusammen mit anderen Sparten von Informationsverarbeitung als vierter Wirtschaftssektor angesehen werden, verantwortlich zu machen (auch wenn sie in dem genannten Handbuch noch eine untergeordnete Rolle spielen).

Dynamik der Fachbereiche

Übung 3.8

Informieren Sie sich über neue Studienfächer und Ausbildungsberufe und versuchen Sie, diese den klassischen Universitätsfächern bzw. Handwerks- und Dienstleistungsberufen zuzuordnen.

3.7.2 Gliederung nach kommunikativen Bereichen (vertikale Gliederung)

Auch im Hinblick auf kommunikative Bereiche von Fachsprachen werden gerne drei unterschiedliche Sprachebenen unterschieden

3 Formen und Funktionen von Fachsprachen

Beteiligte Personen und sprachliche Merkmale

(so bereits Ischreyt 1965): eine Theorie- oder Wissenschaftssprache auf der oberen, eine fachliche Umgangssprache auf der mittleren und eine Werkstatt- oder Verteilersprache auf der unteren Ebene. Führt man sich, auch ohne in Details zu gehen, kurz vor Augen, wie vielschichtig etwa die Kommunikation im Fachbereich der Medizin oder auch in dem des Rechts ist und welche Unterschiede zwischen diesen beiden bestehen, wird schnell deutlich, dass eine solch grobe Gliederung kaum der Realität entspricht. Besser steht es da um den Ansatz von Lothar Hoffmann (1985, 64–70), in welchem insbesondere im Hinblick auf naturwissenschaftlich-technische Fachsprachen fünf vertikale Kommunikationsbereiche unterschieden werden. Jeder dieser Bereiche wird hinsichtlich der Personen, die an der fachlichen Kommunikation beteiligt sind, und der Merkmale in Bezug auf den Gebrauch von Zeichen und Symbolen näher charakterisiert (vgl. Abb. 3.14).

	Personen, die an der fachlichen Kommunikation beteiligt sind	Merkmale hinsichtlich des Gebrauchs von Zeichen und Symbolen
Sprache der theoretischen Grundlagenwissenschaften	Wissenschaftler unter sich	Künstliche Symbole für einzelne Einheiten (Elemente) und deren Verknüpfungen (Relationen)
Sprache der experimentellen Wissenschaften	Wissenschaftler oder Techniker einerseits sowie wissenschaftlich-technische Hilfskräfte andererseits	Künstliche Symbole für Elemente; natürliche Sprache für Relationen (Symbole erscheinen in Sätzen)
Sprache der angewandten Wissenschaften und der Technik	Wissenschaftler oder Techniker sowie wissenschaftliche oder technische Leiter der materiellen Produktion	Natürliche Sprache mit einem sehr hohen Anteil an Fachterminologie sowie einem streng determinierten Satzbau
Sprache der materiellen Produktion	Wissenschaftliche oder technische Leiter der materiellen Produktion sowie Meister und Facharbeiter (Angestellte)	Natürliche Sprache mit einem hohen Anteil an Fachterminologie sowie einem relativ ungebundenen Satzbau
Sprache der Konsumtion	Vertreter der materiellen Produktion, Vertreter des Handels und Konsumenten	Natürliche Sprache mit einigen Fachtermini und einem freien Satzbau

Abb. 3.14: Vertikale Typen fachsprachlicher Kommunikation (nach Hoffmann 1985, 64–70)

Übung 3.9

Auch die Gliederung von Lothar Hoffmann kann nicht der sprachlich-kommunikativen Vielfalt innerhalb einzelner Fächer gerecht werden – nicht zuletzt auch angesichts der wachsenden Dynamik und Flexibilität, die derzeit innerhalb fachlicher Kommunikation zu beobachten ist (vgl. oben).

a) Versuchen Sie daher, horizontale und vertikale Kommunikationsbereiche Ihres eigenen Faches zu unterscheiden und dabei im Hinblick auf die daran beteiligten Personen sowie den Gebrauch von Sprache und Symbolen zu charakterisieren.
b) Bestimmen Sie die einzelnen fachwissenschaftlichen und fachdidaktischen Disziplinen, mit denen Lehrerinnen und Lehrer eines bestimmten Unterrichtsfaches zu tun haben. Welche fachfremden (alltags- wie fachsprachlichen) Kommunikationsbereiche spielen darüber hinaus eine Rolle?

Ungeachtet aller Versuche, Fachsprachen nach verschiedenen Fächern und kommunikativen Bereichen zu gliedern, ist festzuhalten, dass jede Person, die in ihrem Fach als Experte gilt, bereits in benachbarten und erst Recht in weiter entfernten Fächern zumeist als Laie erscheint. Vor diesem Hintergrund beschäftigt sich die jüngere Fachsprachenforschung zunehmend mit den Bedingungen und dem Verlauf der sog. Experten/Laien-Kommunikation sowie mit dem Transfer von Wissen (Kenntnissen und Kompetenzen) zwischen Vertretern einzelner Fächer sowie zwischen Fachvertretern und Alltagspersonen. Dies lässt sich in der folgenden Graphik zusammenfassen (vgl. Abb. 3.15; die horizontalen Doppelpfeile, also ↔, stehen für die Kommunikation zwischen Experten auf einer bestimmten fachlichen Ebene bzw. für diejenige zwischen Laien, die vertikalen Doppelpfeile, also ↕, symbolisieren die Kommunikation zwischen den diversen Ebenen eines Fachbereiches; die Kommunikation zwischen Experten eines bestimmten Faches ist grau unterlegt):

Wissenstransfer

Fachebene	Fachbereich 1		Fachbereich 2
Abstrakte Fachkommunikation (theoretisch)	Experte 1a ↔ Experte 1b	↔	Experte 2a ↔ Experte 2b
Kommunikative Vermittlung zwischen abstrakter und konkreter Ebene	↕		↕
Konkrete Fachkommunikation (anwendungsbezogen)	Experte 1c ↔ Experte 1d	↔	Experte 2c ↔ Experte 2d
Kommunikative Vermittlung zwischen Fachebene und alltagsnaher Ebene	↕		↕
Alltagsnahe Sachkommunikation	Laie 1a ↔ Laie 1b	↔	Laie 2a ↔ Laie 2b

Abb. 3.15 | **Kommunikationstypen zwischen Experten und Laien**
(↔ = Kommunikation auf einer Ebene, ↕ = Kommunikation zwischen verschiedenen Ebenen, grau = Kommunikation innerhalb eines Faches)

Lehrende und Lernende

Wir unterscheiden hier die Kommunikation zwischen Experten auf einer bestimmten Ebene eines Faches untereinander, die Kommunikation zwischen den Experten einer eher abstrakten und einer eher konkreten Ebene eines Faches sowie die Kommunikation zwischen Experten eines Faches und Laien. Hinzu kommt die Kommunikation zwischen Experten verschiedener Fächer bzw. interessierter Laien (vgl. die horizontalen und vertikalen Doppelpfeile). – Ein ganz besonderer Ort der Kommunikation und des Wissenstransfers zwischen Experten und Laien bzw. angehenden Experten stellt die Schule dar. Hier können drei Kommunikationstypen zwischen Lehrenden und Lernenden unterschieden werden (vgl. Abb. 3.16):

- die fachdidaktische Diskussion zwischen den Lehrenden eines Faches (zum Beispiel im Rahmen einer Fachschaftssitzung des Kollegiums oder anlässlich eines Unterrichtsbesuchs im Referendariat)
- die Unterrichtskommunikation zwischen den Lehrenden einerseits und den Schülerinnen und Schülern andererseits (etwa im Falle eines Unterrichtsgesprächs oder eines Referats durch die Lehrperson)
- Kommunikation unter den lernenden Schülerinnen und Schülern (beispielsweise anlässlich einer Partner- bzw. Gruppenarbeit)

Ebene	Fach
Fachdidaktische Diskussion	Lehrer/in 1 ↔ Lehrer/in 2
Lehrerzentrierter Unterricht, Unterrichtsgespräch usw.	↕
Partner- und Gruppenarbeit, (freie) Projektarbeit	Schüler/in 1 ↔ Schüler/in 2

Abb. 3.16 | Kommunikationstypen zwischen Lehrenden und Lernenden an der Schule

3.7.3 Fachliche Textsorten

Neben der horizontalen und der vertikalen Gliederung stellen verschiedene Textsorten eine dritte Dimension der Differenzierung von Fachsprachen dar. Auch wenn zahlreiche Textsorten in nahezu allen Fächern und in vielen kommunikativen Bereichen üblich sind (zu denken ist hier zum Beispiel an Lehrbücher, Lexika oder Rezensionen), scheint deren fachübergreifende Gliederung kaum möglich (vgl. unter anderem die Versuche bei Möhn/Pelka 1984, 45–70, 124–128; Göpferich 1995, 119–135; Hoffmann/

3 Formen und Funktionen von Fachsprachen

Kalverkämper/Wiegand 1998/99, 482–594). Hier werden sechs allgemeine Typen von Fachtexten unterschieden (vgl. Tab. 3.3):

Fachtexttypen

1) Aktualisierende Texte verbreiten bislang unbekannte Informationen für ein spezialisiertes Fachpublikum (zum Beispiel ein Aufsatz über vermutete und nachzuweisende Elementarteilchen in einer Fachzeitschrift für theoretische Physik).
2) Konfirmierende Texte machen bereits bekannte Informationen für ein weniger spezialisiertes Publikum zugänglich und bereiten es für dieses auf (etwa eine Darstellung der Geschichte der Weimarer Republik für die Gymnasiale Oberstufe).
3) Sanktionierende Texte verbreiten Anweisungen, deren Befolgung verbindlich ist – ihre Missachtung wird bestraft (beispielsweise ein Einkommensteuerbescheid, in welchem die Nachzahlung einer bestimmten Steuerschuld festgelegt wird).
4) Regulierende Texte verbreiten Anweisungen, deren Befolgung unverbindlich ist – ihre Missachtung wird nicht bestraft (ein Backrezept, das nicht richtig befolgt wird, führt zu keiner Strafe, sondern allenfalls zu Übelkeit).
5) Komprimierende Texte treffen eine Auswahl an fachlicher Information und Instruktion und fassen diese zusammen (in einem Klinischen Wörterbuch werden beispielsweise praxisrelevante Daten für Ärzte und Pflegepersonal zusammengestellt).
6) Evaluierende Texte treffen eine Auswahl an fachlicher Information und Instruktion und bewerten diese (im Rahmen der Rezension eines wissenschaftlichen Werkes werden insbesondere auch – meist begründete – Bewertungen abgegeben).

Tab. 3.3: Fachsprachliche Textsorten

Fachtexttyp	Beispiele
Aktualisierende Texte	Forschungsmonographie, Versuchsprotokoll, Fachzeitschriftenartikel, Kongressvortrag
Konfirmierende Texte	Hochschullehrbuch, Schulbuch, Sachartikel, Produktinformation, Wetterbericht, Katalog, *Beipackzettel*

Sanktionierende Texte	Gesetz, Verordnung, Steuerescheid, Verwarnung, Patentschrift, Vertrag, Urkunde
Regulierende Texte	Bedienungsanleitung, Software-Manuel, Norm (DIN e.V.), *Beipackzettel*, Kochrezept
Komprimierende Texte	Enzyklopädie, Wörterbuch, Formelsammlung, Abstract, *Rezension*
Evaluierende Texte	Gutachten, Prüfungsgespräch, Diskussion, *Rezension*

Eine eindeutige Zuordnung einzelner Textsorten zu einem der sechs genannten Typen ist nicht immer möglich. Das zeigt das Beispiel des Beipackzettels: Denn hier finden sich zum einen bekannte Informationen über Zusammensetzung und Wirkungsweise des betreffenden Medikaments für ein breiteres Publikum; zum anderen enthalten Beipackzettel auch Anweisungen, deren Befolgung zwar nicht verbindlich, aber durchaus ratsam ist. Vor diesem Hintergrund erweist sich der Beipackzettel als Mischtyp eines konfirmierenden und zugleich regulierenden Fachtextes. Entsprechendes gilt für Rezensionen, in denen meist wesentliche Inhalte des jeweils besprochenen Werks sowohl wiedergegeben als auch bewertet werden, sodass hier der Mischtyp eines komprimierenden uns evaluierenden Fachtextes vorliegt.

Mischtypen

Aktualisierende und konfirmierende Fachtexte dienen vornehmlich der Darstellung von Gegenständen und Sachverhalten, sanktionierende und regulierende dagegen primär dem Appell an eine Person. Die Funktionen der Darstellung und des Appells werden bereits in dem Zeichenmodell von Karl Bühler (1934) unterschieden und dabei um diejenige des Ausdrucks ergänzt. Diese Ausdrucks- oder auch Symptomfunktion besteht darin, dass der Sprecher oder Schreiber eines Textes durch die Art und Weise, wie dieser Text geäußert wird, auch etwas von sich selbst zu erkennen gibt (regionale Herkunft, sachliches Interesse, sozialer Status usw.). Letztlich lassen sich sämtliche Textsorten zwischen diesen drei Funktionen verorten (vgl. Abb. 3.17).

Darstellung, Appell und Ausdruck

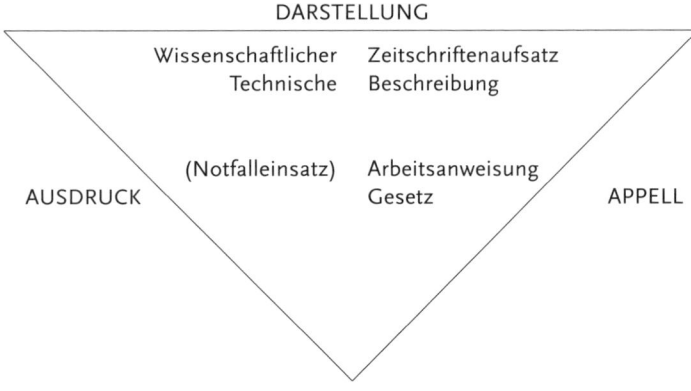

Abb. 3.17 | Fachtextsorten zwischen Darstellungs-, Appell- und Ausdrucksfunktion

Dabei steht bei einigen Texten die Darstellungsfunktion im Vordergrund (etwa bei einem Aufsatz in einer wissenschaftlichen Fachzeitschrift) und bei anderen dagegen der Appell (so zum Beispiel im Falle einer Arbeitsanweisung oder eines Gesetzes). Sämtliche Fachtexte unterliegen darüber hinaus der Ausdrucksfunktion (beispielsweise in Bezug auf fachlichen Hintergrund oder persönliche Einstellung). Diese ist jedoch selten primär; selbst im Falle des Jargons unter Notfallärzten darf ein Primat von Appell- und Darstellungsfunktion gegenüber der Ausdrucksfunktion angenommen werden.

Übung 3.10

Ordnen Sie die folgenden Fachtextsorten ihren primären Fachtexttypen zu (geben Sie ggf. auch sekundäre Typen an): Antrittsvorlesung, Banküberweisung, Brandordnung, Call for papers, Klappentext, Klassenpräsentation, Konsiliarbericht, Kostenvoranschlag, Pflichtenheft, Promotionsgutachten, Straßenverkehrsordnung, Tagungsankündigung, Tagungsband.

Zusammenfassung

Präzisierung, Differenzierung, Ökonomie und Anonymisierung sind zentrale funktionale Eigenschaften von deutschen Fachsprachen; diese werden in vielfältiger Weise auf den Ebenen des Wortschatzes, der Grammatik und des Textes verwirklicht.

So erfolgt Präzisierung insbesondere mit dem Festlegen von Wortbedeutungen anhand von Definitionen. Dabei sind neben der klassisch-aristotelischen Definition anhand von Genus proximum und Differentia specifica auch solche durch Angabe von Synonymen, Beispielen oder Entstehungsprozessen üblich. Differenzierung wird auf der lexikalischen Ebene durch Erweiterung des Wortschatzes erreicht; dabei sind die Bildung zwei- oder mehrgliedriger Komposita, Entlehnungen aus fremden Sprachen wie dem Lateinischen, Griechischen, Französischen oder Englischen sowie der Gebrauch von Metaphern verbreitete Verfahren. Auch auf den Ebenen der Grammatik und des Textes finden sich fachsprachliche Präzisierungen und Differenzierungen – zum einen durch den Gebrauch von Attributen und diversen Nebensatzarten und zum anderen durch den Einsatz diverser Verknüpfungsverfahren wie Thema/Rhema-Gliederungen, Argumentationen oder logische Schlüsse. Sprachliche Ökonomie – verstanden als Effizienz des kommunikativen Aufwands – erscheint in Fachtexten insbesondere durch die Bildung von Kurzwörtern und durch die Befolgung von Textbauplänen; letzte erleichtern zudem die Orientierung.

Zur Anonymisierung und Objektivierung werden im Deutschen zahlreiche Verfahren herangezogen, darunter die Bevorzugung der 3. Person und unpersönlicher Pronomina, der Gebrauch von Präsens-, Passiv- und Reflexivkonstruktionen sowie der Einsatz von Substantivierungen mit Funktions- oder blassen Verben (die wiederum einen Beitrag zur Kennzeichnung der Modalität des Gesagten leisten). Neben sprachlichen Zeichen sind in Fachtexten oft auch nichtsprachliche Zeichen anzutreffen. Dies gilt zum einen für Abbildungen und Tabellen mit textillustrativer oder -konstitutiver Funktion und zum anderen für Zahlen, Symbole und Formeln ganz unterschiedlicher Herkunft.

Die deutschen Fachsprachen lassen sich auf unterschiedliche Weise nach verschiedenen Fächern und nach kommunikativen Bereichen unterteilen (horizontale bzw. vertikale Gliederung). Horizontale Gliederungen hängen dabei stark vom Fächerkanon der betreffenden Zeit ab, vertikale Gliederungen nehmen unter dem Gesichtspunkt des sog. Wissenstransfers immer mehr die Kommunikation zwischen den Experten verschiedener Fächer und zwischen Experten und Laien in den Blick. Fachtexte lassen sich insbesondere im Hinblick auf ihre Darstellungsfunktion in aktualisierende und konfirmierende sowie hinsichtlich ihrer Appellfunktion in sanktionierende und regulierende Texte gliedern; hinzu kommen komprimierende und evaluierende Texte.

Weiterführende Literatur

Merkmale von Fachsprachen: Fluck 1996, 47–59; Hoffmann 1985, 72–242; Hoffmann/Kalverkämper/Wiegand 1998, 373–442; Roelcke 2010, 55–112.
Gliederung von Fachsprachen: Hoffmann 1985, 47–71; Roelcke 2010, 29–54.
Fachsprachliche Besonderheiten aus mutter- und fremdsprachendidaktischer Perspektive: Roelcke 2002a; 2013; Schellenberg 2011.

Testfragen

1) Erläutern Sie die Begriffe Präzision, Differenzierung, Ökonomie und Anonymisierung.
2) Erläutern Sie den Aufbau einer klassisch-aristotelischen Definition.
3) Wie werden Definitionen durch Angabe bedeutungsgleicher Wörter, durch Angabe von Beispielen und durch Angabe des Entstehungswegs genannt?
4) Nennen Sie Arten falschen Definierens.
5) Nennen Sie vier Phasen lateinischer und zwei Phasen französischer Entlehnungen im Deutschen.
6) Inwiefern trägt die Bildung von Metaphern zur Erweiterung von Fachwortschatz bei?
7) Warum ist der Gebrauch eingeleiteter Nebensätze ein wichtiges Merkmal von geschriebener Sprache im Allgemeinen und von Fachtexten im Besonderen?
8) Was ist unter einer Thema/Rhema-Gliederung zu verstehen?
9) Erläutern Sie, warum das sog. Minimax-Prinzip nicht adäquat ist, sprachliche Ökonomie zu erfassen.
10) Was ist unter einem Textbauplan zu verstehen und inwiefern trägt dieser zur Ökonomie des Textes bei?
11) Erläutern Sie, warum in deutschen Fachtexten ein hohes Maß an Anonymisierung und Objektivierung angestrebt wird, und nennen Sie einige Verfahren hierzu.
12) Was ist unter einer horizontalen und was unter einer vertikalen Gliederung von Fachsprachen zu verstehen? Geben Sie Beispiele.
13) Erläutern Sie kurz die drei sprachlichen Funktionen nach Karl Bühler und klären Sie deren Bedeutung für fachliche Kommunikation.

Konzepte und Modelle von Sprachvermittlung im Fach: ein Überblick | 4

4.1 Fachsprachen im mutter- und fremdsprachlichen Unterricht

Das Feld der Fachsprachenvermittlung ist breit und hoch diversifiziert: die beteiligten Fächer und Sprachen, die Adressaten und ihre jeweiligen Kenntnisse, Spezialisierungsgrade und Bedarfe, die beteiligten Sprachen – all diese Faktoren lassen eine Fülle von Unterrichtskonstellationen zu, die in Umfang und Komplexität schwer erfassbar und kaum darstellbar sind. Fluck 1998, 945 gibt die folgende schematisierte Übersicht:

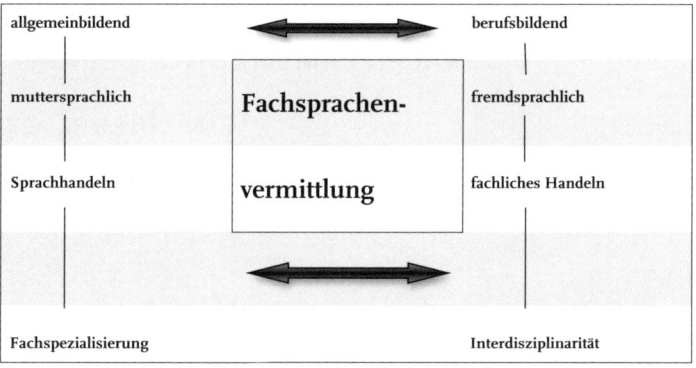

Abb. 4.1 | Faktoren bedarfsorientierter Fachsprachenvermittlung

Konstellationen von Fachsprachenvermittlung

In Kapitel 1 wurde bereits darauf hingewiesen, dass mit der zunehmenden Technisierung unseres Alltags, mit der Globalisierung von Wirtschaft und Wissenschaft der Bedarf an fachsprachlicher Kompetenz gewachsen ist. Das heißt, Schulen und Ausbildungsstätten stehen mehr denn je vor der Anforderung, diesen Bedarf zu decken. Bei der Vermittlung fachsprachlicher Kenntnisse und Kompetenzen sind grundsätzlich muttersprachliche von fremdsprachlichen Formen zu unterscheiden (vgl. Abb. 4.1). Sind im muttersprachlichen Unterricht in der Regel fachliches und sprachliches Lernen miteinander verknüpft, so sind im fremdsprachlichen Fachsprachenunterricht unterschiedliche Formen und Konstellationen denkbar. Das Spektrum der angestrebten Ziele reicht von der ausgewogenen Balance fachlicher und sprachlicher Lernziele bis zur – möglicherweise recht eingeschränkten – fachsprachlichen Kompetenz in einem bestimmten Tätigkeitsbereich, beispielsweise dem Verständnis einer Betriebsanleitung einer bestimmten Maschine. Entsprechend dieser unterschiedlichen Konstellationen sind auch die Bedarfe der jeweiligen Adressatengruppen verschieden. Betrachten wir nur einmal verschiedene Konstellationen im muttersprachlichen Bereich: Ein Schüler der Primarstufe etwa soll im Sachunterricht ein basaleres Konzept von Wind und damit verbunden eine einfachere Terminologie erwerben als ein Schüler der Sekundarstufe I oder ein Student im Geographie-Studium.

In den Bildungsstandards der einzelnen Fächer ist seit einigen Jahren die (fach-)sprachliche Handlungsfähigkeit als Ziel fest verankert (vgl. Kap. 1), jedoch fehlt in vielen Kontexten bislang eine Konkretisierung des tatsächlichen fachsprachlichen Bedarfs. Wenn es auch aktuell zahlreiche Bemühungen gibt, die fachsprachlichen Bedarfe in den einzelnen Schulfächern zu ermitteln und die Vermittlung von sprachlicher Bildung als Aufgabe aller Fächer anzusehen, so gilt doch weiterhin, dass „... eine eingehendere Erforschung der Rolle der Sprache im Fachunterricht [...] zu den dringenden Aufgaben der Fachdidaktiken [gehört]". (Fluck 1998, 947)

Die Vermittlung von Fachsprache bzw. Fachsprache als Unterrichtsgegenstand wurde traditionell als Aufgabe des Deutschunterrichts angesehen. Auch heute finden sich in Deutsch-Lehrwerken Einheiten, die diesem Themenbereich gewidmet sind. So ist nicht von der Hand zu weisen, dass im Rahmen von Sprachreflexion und der Vermittlung von Sprachbewusstheit fachsprachliche Themen und Gegenstände zum Deutschunterricht gehören. Auch der Umgang mit Texten, sei es bei der Erschließung oder dem Abfassen, gehört zweifellos zum Spektrum des Deutschunterrichts. Allerdings kann der Deutschunterricht die jeweils fachspezifischen Denk- und Arbeitsweisen, die fachbezogenen Textsorten bei weitem nicht abbilden. Hier sind die Fächer bzw. die Fachdidaktiken gefordert. Dazu kommt, dass angesichts der Sprachlichkeit allen Lernens und Lehrens jeglicher Unterricht ein höheres Augenmerk auf Sprache legen sollte. Diese Erkenntnisse sind nicht neu. Halliday weist bereits Anfang der 90er Jahre auf den Zusammenhang von Sprachkompetenz und Lernerfolg hin:

„Language is implicated in some way or other in all educational activity, so we need to be aware of it, to recognize when

Kontext von Fachsprachenvermittlung

learning problems are in some sense problems of language, and to conduct theory-based research into linguistic aspects of educational processes." (Halliday 1991, 270)

Diese Haltung setzt sich langsam in den einzelnen Fächern durch:

„Fachlehrer können sich [...] nicht mehr darauf beschränken, die Schwierigkeiten von Schülerinnen und Schülern beim Lesen von Fachtexten zu beklagen und den Deutschunterricht, die Schüler oder beide dafür verantwortlich machen. Vielmehr sind sie [...] verpflichtet, selbst dazu beizutragen, sprachliche Defizite in ihrem Fach durch geeignete Maßnahmen zu verringern. Dies verlangt also auch vom Fachlehrer, der möglicherweise bei der Wahl seines Studienfaches gute Gründe gehabt hatte, nicht Deutschlehrer zu werden, sich Basiswissen über das Lesen anzueignen und Besonderheiten der Fachsprache zu kennen, die das Lesen von Fachtexten im Gegensatz zu Texten der Allgemeinsprache noch zusätzlich erschweren." (Mitterhuber 2008, 5)

Um Forderungen wie diesen gerecht zu werden, bedarf es der Entwicklung von Konzepten für den Fachunterricht, die die interdisziplinäre Zusammenarbeit fördern und die in ein Gesamtsprachenkonzept von Schulen eingebettet sind.

4.2 Traditionelle (Praxis-)Felder des fremdsprachlichen Fachunterrichts

Fremdsprachen als Medium des Unterrichts

Kenntnisse und Kompetenzen zu bestimmten Gegenständen und Sachverhalten über das Medium einer Fremd- oder Zweitsprache zu lernen bzw. zu vermitteln, ist keineswegs eine Erscheinung der heutigen Zeit. Schon die Studierenden der ersten Universitäten im 14. und 15. Jahrhundert waren gefordert, ihre theologischen, philosophischen, medizinischen und juristischen Studien in lateinischer Sprache zu betreiben (vgl. Roelcke 2010, 2014). Latein war traditionell über Jahrhunderte die internationale Bildungssprache. Moderne Sprachen, die damals noch nicht zum Bildungskanon der höheren Schulen gehörten, wie Italienisch, Französisch, Katalanisch oder auch Deutsch, wurden außerhalb schulischer Institutionen – vor allem für berufliche Kontexte – gelehrt und gelernt. Deutsch war beispielsweise in Böhmen und in Polen jahrhundertelang nach Latein das „wichtigste Medium von Wissens- und Technologietransfer" (Glück 2004, 5). Kaufleute, Militär- und Verwaltungspersonal lernten eifrig Fremdsprachen wie im deutschen Sprachraum zum Beispiel lange Zeit das Französische (vgl. Kuhfuß 2014), um mit ihren (Handels-)Partnern kommunizieren zu können (vgl. Abb. 4.2).

Die Integration von Sprach- und Fachlernen ist vor allem im Fremd- und Zweitsprachenunterricht fest etabliert. Das Praxisfeld ist vielfältig und breit gefächert. Weltweit lernen beispielsweise Studierende und Berufstätige eine Fremdsprache, um außerhalb ihres Heimatlandes ein Studium zu absolvieren oder eine Arbeitsstelle anzutreten. Neben der Lingua franca Englisch kann es sich dabei um die Verkehrssprache des jeweilig angestrebten Landes handeln; also etwa wenn ein VW-Mitarbeiter Chinesisch lernt, um einen Posten in Shanghai anzutreten, oder wenn ein französischer Student im Rahmen eines deutsch-französischen Doppelstudiengangs Jura einen Kurs in der Fachsprache Recht an der Universität zu Köln belegt.

Abb. 4.2 | Deutsch-Tschechisches Lehrbuch, Prag 1540
Das Titelblatt des Lehrmaterials zeigt einen böhmischen und einen deutschen Kaufmann bei einem Verkaufsgespräch.

In vielen postkolonialen Gesellschaften sind Englisch oder Französisch bis in die Gegenwart die Verwaltungs- und Bildungssprache. In manchen afrikanischen oder asiatischen Ländern, etwa in Kenia, im Senegal oder in Indien, bildet auch heute noch eine Zweitsprache das Medium, in dem der Unterricht in den höheren Schulen oder an den Universitäten erteilt wird.

In traditionell mehrsprachigen Nationalstaaten wie der Schweiz und in Regionen mit Minderheitensprachen wie beispielsweise Südtirol werden mehrsprachige Curricula aufgelegt, so dass Schülerinnen und Schüler Sachinhalte (auch) in einer anderen Sprache als ihrer Erstsprache erarbeiten.

In jüngerer Zeit etablierte sich im Zuge der globalen Migrationsbewegungen ein weiteres Praxisfeld: Länder mit einem hohen Anteil an Migranten, wie zum Beispiel Kanada oder Australien, stehen vor der Aufgabe, Schülerinnen und Schülern mit Migrationshintergrund die schulische Ausbildung in der Mehrheitssprache zuteilwerden zu lassen. In diesen Kontexten bildet die/eine Zweitsprache das Fundament des Lehrens und Lernens in allen Fächern.

Nicht zuletzt formuliert der Europarat die Mehrsprachigkeit der Bürger als bildungspolitisches Ziel und unterstützt daher mehrsprachige Bildungsangebote wie beispielsweise bilinguale Programme an Schulen im europäischen Raum.

4.3 Konzepte und Modelle der Integration von Sprach- und Fachlernen

Im Rahmen dieser verschiedenen Sprachlernsituationen sind unterschiedliche Konzepte und Modelle des integrierten Sprach- und Fachlernens entstanden. Sie alle beziehen sich mehr oder weniger auf einen eher fremd- oder zweitsprachlichen Unterricht (muttersprachliche Modelle stellen demgegenüber ein weitgehendes Desiderat dar). Die wichtigsten Modelle werden im Folgenden vorgestellt: Bilingualer (Sachfach-)Unterricht, Content and Language Integrated Learning (CLIL), Deutschsprachiger Fachunterricht (DFU), Sheltered Instruction Operation Protocol (SIOP) und das Scaffolding-Konzept nach Pauline Gibbons. In unserem Zusammenhang weitgehend unberücksichtigt bleiben bilinguale Angebote wie die so genannten Language Maintenance- und Übergangsprogramme sowie die mehrsprachigen Curricula an binationalen/bikulturellen Schulen. In der Literatur bzw. im Praxisfeld werden die o.g. Konzepte – abgesehen von SIOP und Scaffolding – terminologisch nicht immer sauber voneinander unterschieden, so dass die gleichen Phänomene und Formen u.U. einmal als CLIL-Programm, einmal als Bilingualer Sachfach-Unterricht bezeichnet werden.

4.3.1 Content and Language Integrated Learning (CLIL)

Merkmale von CLIL-Programmen

CLIL-Programme sind seit mehr als 20 Jahren in der Praxis etabliert und relativ gut erforscht. Im europäischen Raum wird der Begriff CLIL häufig als Oberbegriff für alle Arten von Lehr- und

Lernkontexten verwendet, in denen ein Fachunterricht ganz oder partiell in einer Fremdsprache stattfindet (vgl. Haataja 2010, 38).

Dalton-Puffer und Smit 2013 folgend sollen hier insbesondere solche Programme als CLIL bezeichnet werden, welche die nachstehenden Merkmale aufweisen:
- CLIL-Programme sind in der Regel *Fremdsprachen*programme, keine Zweitsprachenprogramme. Die Sprachaneignung findet im institutionellen Rahmen (z.B. in Schule oder Hochschule) statt. Laut der Definition von Dalton-Puffer und Smit 2013 ist die Zielsprache in vielen Kontexten außerhalb der Institution nicht die Verkehrssprache. Beispiele für solche Programme sind englischsprachige Studiengänge an deutschen Hochschulen oder CLIL(iG)-Programme (Content and Language Integrated Learning in German / Integriertes Sprachen- und Fachlernen auf Deutsch) in einigen nordeuropäischen Ländern.
- Der integrierte Sprach- und Fachunterricht setzt normalerweise erst dann ein, wenn die Lernenden in ihrer Erstsprache bereits literate Kompetenzen erworben haben.
- CLIL-Lehrer sind in der Regel Fachlehrer mit einer Zusatzausbildung und keine Sprachlehrer. Häufig sind sie L2-Sprecher der Zielsprache.
- CLIL-Unterricht ist in der (schulischen) Stundentafel in der Regel als Fachunterricht ausgewiesen (Erdkunde, Biologie, Geschichte usw.), der in einer Fremdsprache erteilt wird. Die Fremdsprache selbst wird auch weiterhin als Unterrichtsfach gelehrt, und zwar von ausgebildeten Sprachlehrern.

CLIL-Programme sind Maßnahmen zur Förderung von Fremdsprachen, die in einen Sach-/Fachkontext eingebettet sind: „... CLIL can be seen as a foreign language enrichment measure packaged into content teaching". (Dalton-Puffer & Smit 2013, 546)

In jüngerer Zeit sind Bemühungen zu erkennen, CLIL-Elemente bereits in die Bildungsarbeit im Elementarbereich zu integrieren (vgl. Widlok 2013).

Übung 4.1

Informieren Sie sich über die Ziele des CLIL-LOTE-Projektes, das der Europarat initiiert hat.
Links:
http://www.youtube.com/watch?v=AoL7Ysudnvw
http://www.youtube.com/watch?v=6FGnzDio1-Y
http://clil-lote-start.ecml.at/

4.3.2 Bilingualer (Sachfach-)Unterricht

Typen von bilingualem Unterricht

Mit dem Terminus „Bilingualer Sach(fach-)Unterricht" wird ein breites Spektrum an Formen und Typen integrativen Sprach- und Fachlernens an Schulen im deutschsprachigen Raum bezeichnet (vgl. Werlen 2006, 203f). Allen diesen Formen ist gemeinsam, dass sie de facto bilingual sind: Beim Lehren und Lernen sind stets *zwei* Lern- und Arbeitssprachen involviert, eine Fremdsprache, die so genannte Profilsprache, und Deutsch (als Muttersprache). Je nach Programm ist die Funktion der beiden Sprachen unterschiedlich geregelt.

Helbig unterscheidet drei Grundtypen (Helbig 2003, 179/180):
- *Bilinguale Bildungsgänge* bzw. bilinguale Züge/Zweige finden sich in Deutschland traditionell an Gymnasien. Sie sind überwiegend durch feste curriculare Strukturen gekennzeichnet, etwa was den Beginn, den Stundenumfang und die betroffenen Sachfächer (bis zu drei) der unterrichteten Profilsprache angeht. Bei den bilingual unterrichteten Sachfächern handelt es sich häufig um Erdkunde, Geschichte oder Politik/Sozialkunde. Der Unterricht wird fortlaufend bis zum Ende der Sekundarstufe I bzw. bis zum Abitur erteilt.
- *Bilingualer Unterricht* erscheint demgegenüber häufig weniger strikt curricular festgelegt. Meist sind der Umfang der erteilten Profilsprachen-Stunden und die Auswahl der Sachfächer geringer. Der Unterricht findet nicht in eigens dafür eingerichteten Zweigen/Zügen einer Schule statt.
- *Fremdsprachen als Arbeitssprachen* in Sachfächern umfasst bilinguale Angebote, in denen die Profilsprache nicht kontinuierlich in einem Sachfach angeboten wird, sondern phasen- oder epochenweise oder auch in Form von bilingualen Modulen. In solchen Formen wird die Fremdsprache im Fachunterricht bei einzelnen Themenbereichen integriert unterrichtet.

Die einzelnen Ausprägungen des bilingualen Sach(fach-)Unterrichts sind oftmals nicht klar von Konzeptionen des CLIL und des nachfolgend beschriebenen Deutschsprachigen Fachunterrichts (DFU) abzugrenzen.

4.3.3 Deutschsprachiger Fachunterricht (DFU)

Mit dem Terminus „Deutschsprachiger Fachunterricht" wird der Fachunterricht an Deutschen Auslandsschulen bezeichnet, vielfach in den Fächern Biologie, Chemie, Geografie, Informatik, Mathematik und Physik. Grundlagen des Unterrichts sind in der Regel deutsche Lehrpläne und Curricula, das eingesetzte Unterrichtsmaterial sind deutsche Schulbücher. Die Unterrichtssprache ist Deutsch. — Grundlagen

Die Schülerinnen und Schüler sprechen in der Regel Deutsch als Fremdsprache, ihre Lehrerinnen und Lehrer sind entsandte Fachlehrkräfte, zumeist keine ausgebildeten Deutsch-als-Fremdsprache-Lehrkräfte.

Ziel des DFU ist es laut Zentralstelle für das Auslandsschulwesen (ZfA), „Schülern auf der Grundlage eines fundierten Fachwissens besondere Fähigkeiten für Studium und die vielen Jahre ihres späteren Berufslebens zu vermitteln." (http://www.bva.bund.de/DE/Organisation/Abteilungen/Abteilung_ZfA/Auslandsschularbeit/DFU/node.html) — Ziele

Im Zentrum steht also nicht in erster Linie der Fremdspracherwerb Deutsch, sondern die Vermittlung von Fachwissen. Dies stellt Lehrende und Lernende vor besondere (sprachliche) Herausforderungen. Um diesen angemessen begegnen zu können, wurden seit Mitte der 90er Jahre Instrumentarien der Unterrichtsplanung und -gestaltung konzipiert und kontinuierlich weiterentwickelt. Sie liegen vor als Lose-Blatt-Sammlung: „Methodenhandbuch Deutschsprachiger Fachunterricht (DFU)", die laufend ergänzt wird. — Methoden

Übung 4.2

> Lesen Sie auf der Homepage der ZfA den Artikel zu den Grundlagen des DFU: http://www.bva.bund.de/DE/Organisation/Abteilungen/Abteilung_ZfA/Auslandsschularbeit/DFU/download_ausdrucken.pdf?__blob=publicationFile&v=2

4 Konzepte und Modelle von Sprachvermittlung: ein Überblick

4.3.4 Sheltered Instruction Operation Protocol (SIOP®)

„Sheltered Instruction" ist ein in den USA entwickelter Ansatz zur Beschulung von Schülerinnen und Schülern, für welche die Unterrichtssprache Zweitsprache ist. Ziel ist es, Inhalte schulischen Unterrichts verständlich zu machen und dabei gleichzeitig die Sprachkompetenz der Schülerinnen und Schüler in der Unterrichtssprache zu erweitern.

„Sheltered instruction is an approach for teaching grade-level content to English learners (ELs) in strategic ways that make the subject matter concepts comprehensible while promoting the students' English language development." (Echevarria, Vogt & Short 2008, 5)

Das Akronym SIOP steht für Sheltered Instruction Operation Protocol, ein Instrument mit Kriterienrastern, das zunächst im Zusammenhang mit der Ausbildung von Lehrkräften im Sheltered-Instruction-Programm konzipiert wurde. Heute wird es sowohl zur Planung wie auch zur Evaluation von sprach- und fachintegrierendem Unterricht nach dem SIOP-Modell eingesetzt.

Übung 4.3

SIOP = Sheltered Instruction Operation Protocol: Was stellen Sie sich unter „Sheltered Instruction" / Geschütztem Unterricht vor? Machen Sie sich Notizen.

Das SIOP-Kriterienraster enthält acht Komponenten mit insgesamt 30 Merkmalen:

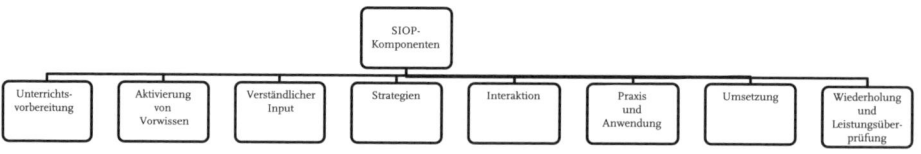

Abb. 4.3 | Das SIOP-Modell und seine Komponenten

Aus den einzelnen Komponenten und den jeweiligen Merkmalen lassen sich leicht die Prinzipien ableiten, nach denen ein SIOP-Unterricht konzipiert ist und durchgeführt wird. Sie sind im Folgenden aufgeführt:

Unterrichtsvorbereitung:

1) Festlegung inhaltlicher Lernziele, die den Schülerinnen und Schülern zu Beginn des Unterrichts verdeutlicht werden
2) Festlegung sprachlicher Lernziele, die den Schülerinnen und Schülern zu Beginn des Unterrichts verdeutlicht werden
3) Entwicklung inhaltlicher Konzepte, die dem Alter und Kenntnisstand der Schülerinnen und Schüler angepasst sind
4) Bereitstellung von Zusatzmaterial, das die Inhalte verständlich und bedeutungsvoll macht
5) Adaption von Unterrichtsmaterial (Texten etc.), das allen Kenntnisständen gerecht wird
6) Planung bedeutungsvoller Aktivitäten, wie Interviews, Verfassen von Briefen, Simulationen und dergleichen, die inhaltliche Konzepte mit sprachlichen Handlungen verbinden und somit die Sprachpraxis fördern

Aktivierung bzw. Aufbau von Vorwissen:

7) Explizite Verknüpfung neuer Konzepte mit dem Vorwissen und dem Erfahrungshorizont der Schülerinnen und Schüler
8) Explizite Verknüpfung von neuen und vorangegangenen Lerninhalten
9) Bewusste Fokussierung von Schlüsselwörtern, Fachbegriffen

Verständlicher Input:

10) Anpassung des eigenen Sprachverhaltens an den Sprachstand der Schülerinnen und Schüler

11) Klare, eindeutige Formulierung von Arbeitsanweisungen und Lernaufträgen
12) Einsatz unterschiedlicher Techniken und Darstellungsformen, um Inhalte verständlich zu machen (Visualisierungen, Realia, Körpersprache etc.)

Strategien:

13) Schaffung von Anlässen zur Anwendung von Lernstrategien
14) Kontinuierlicher Einsatz von Scaffolding-Techniken
15) Einsatz von Aufgaben, die höhere Denkleistungen erfordern (lernprozessanregende Aufgaben)

Interaktion:

16) Schaffung von Anlässen für Interaktion und Diskussion zwischen Schülerinnen und Schülern bzw. Lehrern und Schülern, um die Formulierung sprachlich und gedanklich elaborierterer Beiträge zu fördern
17) Auswahl von Arbeits- und Sozialformen, die mit den inhaltlichen und sprachlichen Zielsetzungen des Unterrichts kompatibel sind
18) Gewährung ausreichender Planungszeit beim Warten auf Schülerantworten
19) Schaffung von Anlässen, die es Schülerinnen und Schülern erlauben, Schlüsselkonzepte in ihrer L1 (mit Klassenkameraden, Wörterbuch, L1-Text) zu erarbeiten

Praxis und Anwendung:

20) Bereitstellung von Realia und sonstigen Materialien, an denen Schülerinnen und Schüler neues Fachwissen anwenden können
21) Planung von (Sprach-)Handlungen/Übungen im Unterricht, die inhaltliches und sprachliches Wissen miteinander verknüpfen.
22) Berücksichtigung möglichst aller vier Fertigkeiten (Lesen, Sprechen, Hören, Schreiben)

Unterrichtsablauf, Umsetzung:

23) Eindeutige Umsetzung der inhaltlichen Ziele
24) Eindeutige Umsetzung der sprachlichen Ziele
25) Engagement der Schülerinnen und Schüler im Unterricht zu 90% bis 100% der Unterrichtszeit
26) Anpassung des Unterrichtstempos an den sprachlichen und fachlichen Kenntnisstand der Schülerinnen und Schüler

Wiederholung und Leistungsüberprüfung:

27) Umfassende Wiederholung der Schlüsselbegriffe
28) Umfassende Wiederholung der Kerninhalte und -konzepte
29) Regelmäßiges Feedback gegenüber den Schülerinnen und Schülern (Inhalt, Sprache)
30) Kontinuierliche Kontrolle während des Unterrichts, ob die Schülerinnen und Schüler die sprachlichen und fachlichen Inhalte tatsächlich verstanden haben

Diese Planungs- und Evaluations-Checkliste ermöglicht es Lehrerinnen und Lehrern, einen klar strukturierten Unterricht zu konzipieren und durchzuführen. Die Komponenten und ihre Ausformulierungen sind einerseits sehr konkret, was die Verknüpfung von sprachlichen und fachlichen Inhalten angeht, andererseits aber allgemein genug, um auf alle Schulfächer anwendbar zu sein (vgl. Echevarria et al. 2008; Vogt 2010).

In empirischen Untersuchungen wurde nachgewiesen, dass das SIOP-Modell, wenn in hohem Maße, systematisch und konsistent von ausgebildeten Lehrkräften angewendet, bei Zweitsprachlernern zu signifikanten Leistungszuwächsen im sprachlichen und fachlichen Bereich führt (vgl. Echevarria, Short, & Powers 2006; Center for Applied Linguistics, 2007).

4.3.5 Scaffolding

Die Metapher des Scaffolding, engl. „Baugerüst", bezeichnet im Kontext von Zweitspracherwerb ein Unterstützungssystem in einem Fachunterricht, der sprachliches und fachliches Lernen integriert (Gibbons 2002, 2009, 2010). Es wurde in Australien für den Regelunterricht mit zugewanderten Schülerinnen und Schülern entwickelt und ähnelt in seinen Prinzipien dem SIOP-Modell (vgl. o.). Mithilfe von Scaffolding sollen Schülerinnen und Schüler, für welche die im Unterricht verwendete Sprache Zweitsprache ist, dabei unterstützt werden, sich Inhalte, Konzepte und Fähigkeiten fachlich und sprachlich zu erschließen. Mit dem Konzept ist der Anspruch verbunden, Schülerinnen und Schüler schrittweise an die Bewältigung von Aufgaben heranzuführen, deren sprachliche und fachliche Anforderungen noch oberhalb ihres Fähigkeitsniveaus liegen.

"This sociocultural approach to learning recognizes that with assistance, learners can reach beyond what they can do unaided, participate in new situations, and take on new roles. [...] This assisted performance is encapsulated in Vygotsky's notion of the zone of proximal development, or ZPD, which describes the ‚gap' between what learners can do alone and what they can do with help from someone more skilled. This situated help is often known as ‚scaffolding'". (Gibbons 2009, 15)

Bei dem Scaffolding-Ansatz handelt es sich um ein komplexes Modell, das auf etablierten Sprach(erwerbs)- und Lerntheorien beruht. Bestimmend für dieses Modell sind neben dem soziokulturellen lerntheoretischen Ansatz Hallidays funktionale Grammatik und neuere Erkenntnisse aus der Zweitsprachenerwerbsforschung.

Übung 4.4

Der Terminus „Scaffolding" wird in der Literatur nicht einheitlich verwendet. Recherchieren Sie seine Verwendungsweise im Kontext Erstspracherwerb.

Lehrerinnen und Lehrer sind, wenn sie ihre Schülerinnen und Schüler nach dem Konzept des Scaffolding unterstützen wollen, gefordert, den sprachlichen und fachlichen Bedarf ihrer Klasse zu erfassen und die Lücken, die zwischen dem, was ein Schüler oder eine Schülerin bereits beherrscht, und dem, was angestrebt ist,

Integration von Sprach- und Fachlernen 4.3

durch eine entsprechende Unterrichtsplanung und Unterrichtsinteraktion zu überbrücken.

Das Scaffolding-Konzept, das in Gibbons 2002, 2009 entwickelt wird, umfasst vier „Bausteine": (1) Material-/ Bedarfsanalyse, (2) Lernstandsanalyse, (3) Unterrichtsplanung, (4) Unterrichtsinteraktion. Die „Bausteine" 1 bis 3 bezeichnet Gibbons als „Makro-Scaffolding", Baustein 4 als Mikro-Scaffolding (vgl. Abb. 4.4).

Makro- und Mikro-Scaffolding

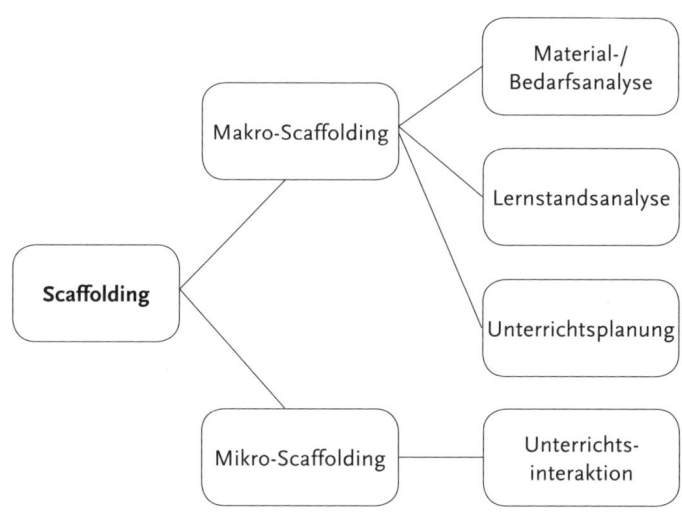

Abb. 4.4 | Scaffolding-Konzept nach Gibbons 2002

Makro-Scaffolding, das den Planungsteil des Scaffolding ausmacht, erfolgt vor dem konkreten Unterricht. Es schafft den Rahmen für das Mikro-Scaffolding, welches die eher spontane, nicht vorab planbare Unterrichtsinteraktion umfasst.

Scaffolding ist also nicht gleichzusetzen mit Lernhilfen in Form von Arbeitsblättern mit Merksätzen und Satzbauplänen. Es geht vielmehr darum, Schülerinnen und Schülern, im Sinne Wygotskis (1934/2002) einen „intellektuellen Anstoß" zu geben und gleichzeitig einen sprachlichen Kompetenzschub zu initiieren, der von der Lehrperson geplant und unterstützt wird. Orientierungsrahmen ist dabei die Zone der nächsten Entwicklung (engl.

Scaffolding als intellektueller Anstoß

Zone of proximal development / ZPD). Lehrerinnen und Lehrer sollten dabei einschätzen können, welches Entwicklungspotential ihre Schülerinnen und Schüler haben, und ihren Unterricht entsprechend konzipieren.

„In our view, scaffolding, unlike good teaching generally, is specific help that provides the intellectual ‚push' to enable students to work at ‚the outer limits of the ZPD'". (Hammond & Gibbons 2005, 25)

Scaffolding kann Schülerinnen und Schüler sehr effektiv unterstützen, wie verschiedene empirische Untersuchungen nachgewiesen haben (Hammond & Gibbons 2005, Agel et al. 2011). Dazu bedarf es allerdings ausgebildeter (Fach-)Lehrer, die einen solchen sprach- und fachintegrierten Unterricht planen und durchführen können.

Zusammenfassung

In diesem Teilkapitel wurden verschiedene Ansätze von sprach- und fachintegriertem Unterricht skizziert. Nicht immer lassen sich die Konzepte klar voneinander abgrenzen, nicht immer herrscht terminologische Klarheit bei der Bezeichnung der Ansätze. Es wurde deutlich, dass es eine Reihe von Ähnlichkeiten, vor allem in der Zielsetzung, gibt. Während CLIL, CLILiG, bilingualer Sach(fach-)Unterricht und Deutschsprachiger Fachunterricht vorwiegend mit fremdsprachlichem Lernen assoziiert werden, richten sich SIOP und Scaffolding explizit an Zweitsprachlernende und (muttersprachliche) Lernende mit schwächer ausgebildeten literaten Kompetenzen. Steht bei CLIL und bilingualem Sach(fach-)Unterricht der Aspekt des Fremdsprachenlernens stark im Vordergrund, so tritt dieser in der Zielsetzung des Deutschsprachigen Fachunterrichts eher zurück. SIOP und Scaffolding wiederum betonen die Ausbildung bildungs- und fachsprachlicher Register und Denk- und Handlungsmuster.

Die nachstehende Tabelle gibt die Modelle noch einmal überblicksartig wieder:

	Geltungsbereich	Ansatz Grundmerkmal	Ziele	Lernende/ Adressaten
CLIL	Weltweit – vom Elementar- bis zum Tertiärbereich	Integration von Sprach- und Fachlernen	Überwiegend Fremdspracherwerb (FSE) im Fach	Überwiegend mit literaler Kompetenz; aber auch Konzepte im Elementarbereich
Bilingualer Sachfach-U	Deutschland, eher Gymnasien	Integration von Sprach- und Fachlernen	FSE-betont	Mit literaler Kompetenz
DFU	Deutsche Auslandsschulen	Sicherstellung des Fach-Lernens	FSE, aber stark sachorientiert	Überwiegend mit literaler Kompetenz in Fremdsprache
SIOP	Amerika; Migration / Schule	30 Punkte-Programm; Integration von Fach- und Sprachlernen	Zweitspracherwerb (ZSE) im Regelunterricht	Mit und ohne literale Kompetenz in der Zielsprache/ Zweitsprache
Scaffolding	Australien Migration	Makro- / Mikro-Scaffolding; Planung und Unterrichtsinteraktion	ZSE im Regelunterricht	Mit und ohne literale Kompetenz in der Zielsprache/ Zweitsprache

Abb. 4.5 | Übersicht Konzeptionen

Die beschriebenen Modelle und Konzeptionen, deren Genese vorwiegend im fremd- oder zweitsprachlichen Bereich liegt, liefern gute Grundlagen und Erkenntnisse für die Entwicklung von sprachintegrierendem Fachunterricht, der allen Schülerinnen und Schülern, also auch im muttersprachlichen Kontext, die Teilhabe ermöglicht. Ein vereinzelter sprachsensibler Unterricht ist allerdings nicht hinreichend, wie Untersuchungen zu SIOP nahelegen. Konzepte sind umso erfolgversprechender, je stärker sie in ein Gesamtsprachkonzept eingebettet sind. Erste Versuche in dieser Richtung sind im Projekt „Sprachsensible Schulentwicklung" in Nordrhein-Westfalen zu sehen, welches Anfang 2014 initiiert wurde. Ziel des Projektes ist es, Schulen dabei zu unterstützen, Konzepte für eine durchgängige

Sprachsensible Schulentwicklung

Sprachbildung zu entwickeln und dauerhaft im Curriculum zu verankern. Kernanliegen ist dabei die systematische Einbeziehung sprachlicher Bildung in allen Fächern. Schülerinnen und Schüler – insbesondere solche mit Migrationshintergrund und solche aus sozialen Brennpunkten – sollen beim Ausbau ihrer sprachlichen Kompetenzen unterstützt werden, um ihnen eine erfolgreiche Bildungslaufbahn und damit eine Teilhabe am gesellschaftlichen Leben zu ermöglichen (vgl. www.sprachsensible-schulentwicklung.de).

Im folgenden Kapitel steht die Planung und Durchführung eines sprach- und fachintegrierenden Unterrichts im mutter- wie im fremd- und zweitsprachlichen Bereich im Mittelpunkt. Es wird gezeigt, wie Unterricht, basierend auf den grundlegenden Prinzipien der oben aufgeführten Modelle und Konzepte, gestaltet werden kann.

Weiterführende Literatur

Rüschoff, B., Sudhoff, J., Wolff, D. (Hrsg.) 2015. CLIL revisited: eine kritische Analyse zum gegenwärtigen Stand des bilingualen Sachfachunterrichts. Frankfurt: Lang.

Testfragen

1) Welche Merkmale kennzeichnen CLIL-Programme nach Dalton-Puffer & Smit 2013?
2) Welches sind die drei Grundtypen des bilingualen Sach(fach-)Unterrichts?
3) Welches Hauptziel verfolgt der Deutschsprachige Fachunterricht?
4) An wen richtet sich das SIOP-Konzept?
5) Welche Komponenten umfasst das Makro-Scaffolding nach Gibbons?

PLANUNGSHILFEN FÜR DIE PRAXIS FACHSPRACHLICHEN UNTERRICHTS | 5

5 Planungshilfen für die Praxis

Mit jedem neuen Fach, das im Laufe der Schulzeit auf den Stundenplan rückt, ist die Notwendigkeit des Erwerbs neuer sprachlicher Mittel und fachsprachlicher Handlungen verbunden. Das gilt für alle Schülerinnen und Schüler, Muttersprachler und Nicht-Muttersprachler.

Obwohl das Thema Sprache im Fachunterricht in den letzten Jahren in der Sprachdidaktik und in verschiedenen Fachdidaktiken diskutiert wurde, finden die Erkenntnisse und Unterrichtsvorschläge im Praxisfeld Schule selbst bislang wenig Niederschlag. Die systematische Berücksichtigung der Fachsprache und ihrer Vermittlung ist in den fachdidaktischen Curricula in der Lehrerausbildung der deutschsprachigen Länder bislang nicht hinreichend verankert. In den nachfolgenden Abschnitten soll ein Beitrag geleistet werden, diese Lücke zu schließen, indem Hinweise gegeben werden, wie ein Fachunterricht unter Berücksichtigung (fach-)sprachlicher Ziele geplant und durchgeführt werden kann.

Dabei orientieren wir uns an dem Modell des Scaffolding. Die Abschnitte 5.1 und 5.2 beschäftigen sich mit Vorbereitung und Planung eines sprach- und fachintegrierten Unterrichts, umfassen somit das so genannte Makro-Scaffolding. Das Mikro-Scaffolding ist dann Gegenstand von Abschnitt 5.3, der der Durchführung eines sprach- und fachintegrierten Unterrichts gewidmet ist.

5.1 Vorbereitung eines sprach- und fachintegrierten Unterrichts

Drei Schritte der Unterrichtsvorbereitung

Die konkrete Vorbereitung einer Unterrichtsreihe bzw. einer Unterrichtsstunde umfasst drei Schritte:
1) Materialanalyse (Analyse des sachfachlichen Unterrichtsmaterials und dessen fachsprachlicher Besonderheiten)
2) Ermittlung des sachfachlichen und fachsprachlichen Lernstandes des Schülerinnen und Schüler
3) Formulierung entsprechender fachlicher und sprachlicher Lernziele

Die beiden ersten Schritte werden auch als *Bedarfsanalyse* bezeichnet. Ziel einer Bedarfsanalyse ist es, zu ermitteln, welche sprachlichen Inhalte in die zu planende Unterrichtsreihe bzw.

konkrete Unterrichtsstunde integriert werden sollen. Dabei müssen wiederum zwei Aspekte berücksichtigt werden: Zum einen die sprachlichen Anforderungen, die das Unterrichtsmaterial im weiteren Sinne an die Schülerinnen und Schüler stellt, und – damit eng verknüpft – die spezifischen fachsprachlichen Praktiken und Handlungen, die in einem bestimmten fachlichen Kontext gefordert werden; zum anderen die fachlichen und (fach-)sprachlichen Kompetenzen, über die die Lernenden bereits verfügen.

In den folgenden Abschnitten wird Schritt für Schritt erläutert, wie eine Bedarfsanalyse vorgenommen werden kann. Anschließend soll das Formulieren und Verknüpfen von fachlichen und sprachlichen Lernzielen demonstriert werden.

5.1.1 Materialanalyse

Im Kontext Fachunterricht in Schule und Berufskolleg spielen Lehrmaterialien in Form von Lehr- und Arbeitsbüchern oder -heften immer noch eine zentrale Rolle – greifen doch Lehrende aus guten Gründen oft auf eingeführtes und etabliertes Lehr- und Lernmaterial zurück. Aus diesem Grund beschränken wir uns bei den folgenden exemplarischen Materialanalysen auf gängige Schulbuchmaterialien und hierbei insbesondere auf (geschriebene) Texte; diese stellen noch immer das Haupt-Medium der Wissensaneignung und -vermittlung dar. Der Umgang mit (Fach-)Texten, die Kompetenz, aus diesen Texten Informationen zu entnehmen und diese zur Erweiterung des eigenen Wissens- und Kenntnisstandes zu nutzen (die entnommenen Informationen zu verknüpfen, sie zu interpretieren, zu reflektieren und zu bewerten), sind somit im Allgemeinen von entscheidender Bedeutung für das Lernen im Fachunterricht.

Exkurs 1: Zentrale Schwierigkeitsfaktoren bei der Textrezeption

> Freedle und Kostin untersuchen in einer Studie aus dem Jahr 1999, welche Faktoren, die im Text selbst begründet sind, zur Schwierigkeit bei der Textrezeption führen können. Als zentrale Faktoren ergeben sich u.a. die folgenden Merkmale:
> - Konkretheit bzw. Abstraktheit des Textes
> - ((fach-)wissenschaftliche) Thematik des Textes

> - Art der rhetorischen Struktur: einfache Argumentation; Auflistung – Beschreibung; Ursache – Wirkung; Problem – Lösung
> - Textkohärenz
> - Umfang bzw. Länge verschiedener Textsegmente (Anzahl der Wörter & Sätze, durchschnittliche Satzlänge)
> - Topikalisierungen
> - Anzahl der Fragen im Text
> - Anzahl der Negationen im Text
> - grammatikalische Komplexität
>
> (vgl. Freedle/Kostin 1999, 27)

Schulische Fachtexte stellen Schülerinnen und Schüler, bisweilen auch noch im Berufskolleg, vor große Herausforderungen, da sie über Merkmale verfügen, die die Rezeption potenziell erschweren können (vgl. Kap. 3 zu Formen und Funktionen von Fachsprache sowie Exkurs 1). Das heißt, dass das fachliche Lernen dadurch behindert werden kann, dass Schülerinnen und Schüler an sprachlichen Hürden in den Fachtexten scheitern. Fachlehrerinnen und -lehrer sollten sich daher vor dem Einsatz von Textmaterialien einen Überblick über die sprachlichen Anforderungen verschaffen und mögliche Rezeptionsbarrieren identifizieren:

Rezeptionsbarrieren

a) Welche Arten von Texten kommen vor – kontinuierliche und/oder nicht-kontinuierliche Texte wie Grafiken, Tabellen etc.?
b) Welche Texte sollen (selektiv, detailliert oder überblicksartig) gelesen werden?
c) Wird eine neue Textsorte eingeführt – beispielsweise eine historische Quelle im Geschichtsunterricht, eine Versuchsbeschreibung im Fach Chemie?
d) Enthalten die zu lesenden Texte strukturelle Hürden, wie fachspezifische Baupläne oder komplexe Verweisstrukturen?
e) Gibt es bestimmte grammatische Phänomene, die gehäuft auftreten, z. B. umfangreiche Nominalgruppen, Passivkonstruktionen?
f) Welcher (Fach-)Wortschatz wird vorausgesetzt bzw. neu eingeführt?

All diese Punkte beziehen sich auf die Rezeption von Unterrichtsmaterial. Darüber hinaus muss aber auch geprüft werden, welche sprachlichen Handlungen im unterrichtlichen Kontext von den Schülerinnen und Schülern selbst vollzogen werden sollen. Dieser Aspekt kann sich auf schriftliche und mündliche Texte beziehen.
g) Sollen Texte geschrieben werden, und wenn ja, welche – Protokoll, Bericht, Tabelle?
h) Welche kommunikativen Handlungen sollen die Lernenden darüber hinaus ausführen, z.B. Textinformationen in eine Tabelle überführen oder eine computergestützte Präsentation, einen freien Vortrag halten?

Exkurs 2: Fachwortschatz/Lexik

Fachsprache wird häufig zunächst mit einer bestimmten Fachterminologie in Verbindung gebracht, und tatsächlich spielen Fachtermini im schulischen Fachunterricht eine wichtige Rolle. (Fach-)Wörter sind Einheiten des (Fach-)Wortschatzes, die für spezialisierte Begriffe, für bestimmte Kategorien stehen. So bezeichnet das Wort „Schraubendreher" ein Werkzeug, das aus einer Klinge und einem Griff besteht und das die Funktion hat, Schrauben in einen Werkstoff hineinzudrehen oder herauszuschrauben. Dabei ist es unerheblich, ob der Griff aus Metall, Holz oder Kunststoff besteht. Das Wort „Schraubendreher" kann sich auf alle Gegenstände, die diese Eigenschaften und Funktionen haben, beziehen. Wörter sind also gewissermaßen Verallgemeinerungen, mit denen wir bestimmte mentale Vorstellungen, sog. Konzepte, verbinden. Mit dem Erwerb von (Fach-)Wörtern ist also immer der Erwerb von (fachlichen) Konzepten verbunden.

Mit dem Erwerb eines Wortes ist aber keinesfalls sofort der Erwerb eines vollständigen fachlichen Konzeptes verknüpft. Das ist insbesondere bei Fachbegriffen oft der Fall. Schülerinnen und Schüler haben häufig noch keine oder nur eine vage Vorstellung von den konkreten Merkmalen und Inhalten eines fachlichen Konzeptes. Diese werden, je nach Kontext, u.U. erst nach und nach eingeführt, so dass die mentale Vorstellung / das Konzept kontinuierlich – eventuell spiralcurricular – erweitert wird.

Wichtig ist auch zu berücksichtigen, dass der Auf- und Ausbau von Konzepten an Erfahrungen mit den Einheiten, die ein Fachwort bezeichnet, gekoppelt ist. Bei Konkreta, also Nomen wie „Schraubendreher", „Kompass" oder „Mikroskop", die bestimmte Gegenstände bezeichnen, kann der Begriffs- bzw. Bedeutungserwerb durch sinnliche Wahrnehmung unterstützt werden. Generell lässt sich festhalten, dass das Verfügen über Konzepte – auch wenn sie noch nicht sprachlicher Art sind – das Verstehen (von Texten, Sachverhalten) erleichtert.

Bei der Sichtung des einzusetzenden Unterrichtsmaterials ist zunächst zu prüfen, welche Fachwörter neu eingeführt werden und, anhand der möglicherweise gegebenen Definition, welches (Teil-)Konzept damit jeweils verknüpft wird. Wird mit dem neuen Wort ein neues Konzept eingeführt? Oder wird ein schon vorhandenes fach-(sprach-)liches Konzept erweitert? Manchmal muss zu einem vermeintlich bekannten Wort ein völlig neues Konzept gelernt werden. Dieser Gesichtspunkt findet in den Fachdidaktiken bislang noch viel zu wenig Beachtung. Betrachten Sie den nachstehenden Ausschnitt aus einem Lehrmaterial für die Grundschule (vgl. Abb. 5.1). Hier geht es darum, das Konzept ‚Wind', ausgehend von der alltagssprachlichen Bedeutung, in seiner geografischen Bedeutung einzuführen.

Die erste Zeile enthält eine (vorläufige) Definition von ‚Wind' – ein fachsprachlicher Bedeutungsaspekt von ‚Wind' wird eingeführt: „Wind ist bewegte Luft". Die Abbildungen zur Windnutzung erlauben es den Kindern, unmittelbar an Alltagserfahrungen anzuknüpfen. Der Bedeutungsaspekt, der hier neu hinzukommt und das vorhandene (Alltags-)Konzept in ein fachsprachlich-fachinhaltliches überführt, ist „Wind = Luft, die bewegt wird". Ein weiterer Bedeutungsaspekt des Konzeptes ‚Wind' in seiner geografischen Lesart, der ebenso erfahrbar ist, wird hier nicht explizit eingeführt: Wind hat immer eine Richtung.

Naturphänomene

Wir nutzen Wind

Wind ist bewegte Luft. Viele Menschen nutzen den Wind.

(1)

Wind kann auch gefährlich werden. Einen starken Wind nennt man Sturm. Weht der Wind stärker als 120 Kilometer pro Stunde, nennt man ihn einen Orkan. Ein Orkan kann große Schäden anrichten.

> Am Samstag tobte ein schwerer Orkan über dem Norden Deutschlands. Viele Bäume stürzten um und Häuser wurden abgedeckt. Durch den starken Regen kam es zu Überschwemmungen und Erdrutschen.

(2) Befeuchte deinen Finger und halte ihn in die Luft.
Woran merkst du, aus welcher Richtung der Wind kommt?

(3) Baue dir einen Windrichtungsanzeiger.

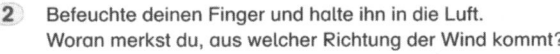

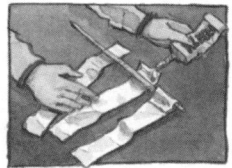

Abb. 5.1 | Wind

Wir beobachten Vögel beim Nestbau

1 Amselmännchen wirbt um Weibchen

2 Amselweibchen beim Nestbau

3 Eier von Amseln

4 Elterntier am Nest

Amseleltern
Mit Gesang lockt das Amselmännchen im Frühjahr ein Weibchen an. Nun umwirbt es die Amsel. Dabei läuft es mit gesenkten Schwanzfedern um sie herum. Ist auch das Weibchen in Paarungsstimmung, fordert es das Männchen mit aufgestellten Schwanzfedern und gestreckter Körperhaltung zur Paarung auf.
Schaust du einmal im Garten einem Amselweibchen hinterher, das mit Grashalmen im Schnabel davonfliegt, kannst du leicht seinen Nistplatz entdecken. Er befindet sich meistens nicht weit entfernt in einer Hecke oder auf Bäumen.

Arbeitsteilung
Das Nest baut bei den Amseln das Weibchen alleine (▶ B2). Dazu trägt es trockene Pflanzenteile herbei. Halme, Blätter und kleine Zweige legt es in einer Astgabel ab und tritt sie fest. So entsteht die Nestgrundlage. Mit Drehungen des Körpers und scharrenden Beinbewegungen formt es darin eine Mulde. Überstehende Halme flicht sie mit dem Schnabel geschickt in die Wand ein. Das Nestinnere wird mit feuchtem Lehm verklebt und mit weichen Pflanzenteilen ausgepolstert. Das Weibchen braucht die Technik des Nestbauens nicht zu lernen. Sie ist angeboren.

▷ Die Technik des Nestbauens ist den Vögeln angeboren.

Das Männchen sichert inzwischen die Umgebung des Nistplatzes. Es warnt andere Männchen durch seinen Gesang davor, dem eigenen **Revier** zu nahe zu kommen. Damit ist der Lebensraum gemeint, in dem die Tiere brüten und nach Nahrung suchen. Wird diese eindeutige Warnung nicht beachtet, so folgen Drohrufe und manchmal sogar heftige Angriffe gegen den Eindringling. Das Amselrevier hat eine Größe von etwa 45 x 45 m. Zum Vergleich: Auf ein Fußballfeld würden etwa vier Amselreviere passen.

▷ Der Gesang der Vögel dient der Reviermarkierung und lockt das Weibchen an.

Aufgaben
1 Schreibe ein Naturtagebuch über den Fahrplan des Frühlings: Welcher Vogel singt als erster? Welche Zugvögel sind als erste zurück? Notiere die Reihenfolge.

2 Beobachte das Brutverhalten einer Vogelart. Achte bei deinen Beobachtungen auf einen großen Abstand zum Nistplatz. Du gefährdest sonst den Bruterfolg!
   Beispiele für Beobachtungsaufgaben:
   a) Welche Vogelarten haben im Garten oder in Schulnähe ihr Revier?
   b) Hat das Männchen einen bevorzugten Platz, an dem es singt?
   c) Wo wird das Nest gebaut? In welcher Höhe?
   d) Wer baut das Nest?
   e) Aus welchem Material wird das Nest gebaut?
   f) Wie lange dauert es, bis das Nest fertig ist?

Abb. 5.2 | „Wir beobachten Vögel beim Nestbau"

VORBEREITUNG 5.1

Um die Schritte einer Materialanalyse im Einzelnen zu konkretisieren, betrachten wir im Folgenden die Schulbuchseite „Wir beobachten Vögel beim Nestbau" (Abb. 5.2)

Schritte einer Materialanalyse

a) Welche Arten von Texten kommen vor – kontinuierliche und/ oder nicht-kontinuierliche Texte wie Grafiken, Tabellen etc.?

Das Material besteht aus vier fotografischen Abbildungen mit Beschriftungen und einer Zeichnung ohne Beschriftung, einem zweispaltigen Instruktionstext sowie einem sog. Aufgabenkasten. Auffallend ist hier, dass nur zwei der vier Abbildungen überhaupt Bezug auf den Text nehmen (Abb. 1 und Abb. 2); für die Abbildungen 3 und 4 gibt es keine korrespondierenden Textstellen. Im Text selbst wird im zweiten Abschnitt von Spalte 1 mit „(> B2)" explizit auf die Abbildung des Amselweibchens beim Nestbau verwiesen. Auf Abbildung 1, die ein Amselmännchen zeigt, wird hingegen lediglich implizit im ersten Satz über die Wiederaufnahme des Wortes „Amselmännchen" hingewiesen; im zweiten Satz erscheint – als eine partielle Rekurrenz zu „wirbt" – das Verb *umwirbt*. Allerdings zeigt Abbildung 1 den im Text beschriebenen Vorgang des Werbens nicht gänzlich: Die Abbildung zeigt ein Amselmännchen mit gesenkten Schwanzfedern; ein Weibchen ist nicht zu sehen.

b) Welche Texte sollen (selektiv, detailliert oder überblicksartig) gelesen werden?

Die Aufgaben im Kasten beziehen sich – jedenfalls partiell – auf den Instruktionstext. Wenn die Aufgaben unter 2 gelöst werden sollen, dann ist ein genaues Verständnis des Vorgangs des Nestbaus gefordert, d.h. hier ist möglicherweise detailliertes Lesen des zweispaltigen Instruktionstextes erforderlich. Auch müsste der Lehrer oder die Lehrerin überlegen, ob und wie genau die Abbildungen rezipiert werden sollen.

c) Wird eine neue Textsorte eingeführt? Beispielsweise eine historische Quelle im Geschichtsunterricht, eine Versuchsbeschreibung im Fach Chemie?

Möglicherweise stellt das geforderte „Naturtagebuch" eine neue Textsorte für die Schülerinnen und Schüler dar. Es ist allerdings fraglich, ob die Schülerinnen und Schüler der Klassenstufe 5/6 eine naturkundliche Beobachtung wie in Aufgabe 2 bereits selbstständig leisten können.

d) *Enthalten die zu lesenden Texte strukturelle Hürden, wie fachspezifische Baupläne oder komplexe Verweisstrukturen?*

Verweisstrukturen   An einigen Stellen des Textes gibt es Verweisstrukturen, die u.U. Rezeptionsbarrieren bilden: So verweist *es* im ersten Abschnitt zweimal auf *Amselmännchen* und einmal auf *Amselweibchen*. Schwierig zu entschlüsseln sein dürfte *darin* in Zeile 8 des Abschnitts „Arbeitsteilung". Es bezieht sich anaphorisch auf *Nestgrundlage* in Zeile 6. Oder auch *damit* in der zweiten Spalte, das sich auf *Revier* zurückbezieht und die Definition des neu eingeführten Terminus *Revier* einleitet. Auf den ersten Blick könnte *damit* auch vorschnell auf *Gesang* bezogen werden; zur vollständigen Rezeption der Textstelle ist die Deutung der Metapher *Lebensraum* erforderlich. Nur so wird die intendierte Kohärenz hergestellt: *Revier* und *Lebensraum* sind in diesem Zusammenhang als referenzidentisch anzusehen, was von den Schülerinnen und Schülern aber erst noch gelernt werden muss.

e) *Gibt es bestimmte grammatische Phänomene, die gehäuft auftreten, z.B. umfangreiche Nominalgruppen, Passivkonstruktionen?*

Im Text finden sich eine Reihe von (koordinierten) Nominalgruppen mit Partizipial-Attribut: „mit aufgestellten Schwanzfedern und gestreckter Körperhaltung"; „mit [...] scharrenden Beinbewegungen". Auch Genitivattribute kommen mehrfach vor: „Drehungen des Körpers"; „Technik des Nestbauens"; „Umgebung des Nistplatzes".

Topikalisierungen   Dieser Schulbuchtext zeigt außerdem zwei auffällige grammatische Merkmale: Es kommen gehäuft Topikalisierungen und uneingeleitete Konditionalsätze vor. Beides sind sprachliche Erscheinungen, die nachweislich zu Verständnisschwierigkeiten führen können. Topikalisierung bedeutet, vereinfacht ausgedrückt, dass Satzteile, die nicht Subjekt sind, an die erste Position des Satzes gerückt werden. Gleich im ersten Satz ist ein Adverbial „mit Gesang" topikalisiert; zu Beginn des Abschnitts „Arbeitsteilung" ist das Akkusativobjekt in die erste Position verschoben: „Das Nest baut bei den Amseln das Weibchen alleine", zwei Zeilen später haben wir das gleiche Phänomen: „Halme, Blätter und kleine Zweige legt es in einer Astgabel ab." Durch Topikalisierung wird das jeweilige Satzglied besonders betont, das ist die rhetorische Funktion dieser Konstruktion. Andererseits kann es hier auch zu Missverständnissen bzw. verzögertem Verstehen kommen, da insbesondere nicht-muttersprachliche Schülerinnen und Schüler das erste Nomen von links nach rechts in der Regel als das Subjekt des Satzes interpretieren (First Noun Principle).

Sehr auffällig in diesem Text ist im Weiteren eine gewisse Häufung von uneingeleiteten Konditionalsätzen: „Ist auch das Weibchen in Paarungsstimmung, fordert es…"; „Schaust du einmal im Garten einem Amselweibchen hinterher, …"; „Wird diese eindeutige Warnung nicht beachtet,…" Uneingeleitete Konditionalsätze sind in der Alltagssprache weniger frequent als in Fachtexten. Die konditionale Funktion dieser Konstruktion muss somit von vielen Schülerinnen und Schülern der unteren Sekundarstufe, insbesondere wenn sie keine Muttersprachler sind, noch erworben werden. Vielfach werden diese Konstruktionen aufgrund der Erststellung des Verbs zunächst mit Aufforderungen oder Entscheidungsfragen verwechselt.

Konditionalsätze

Exkurs 3: „Falsche Freunde"

> Wörter und Konzepte und das damit verbundene Erfahrungswissen aus dem Alltagskontext (vgl. Exkurs 2) sind nicht immer anschlussfähig. So genannte „falsche Freunde" können zu Verständnisproblemen und Verwirrung beitragen. Falsche Freunde sind, vereinfacht ausgedrückt, Wörter, die in der Alltagssprache und in einer Fachsprache vorkommen, dort jeweils aber mit unterschiedlichen Konzepten verknüpft sind, wie das folgende Beispiel aus einem Grundschullehrwerk zeigt. Betrachten Sie die Abbildung der Sonnenstrahlen und die Verwendung der Adjektive *steil* und *flach*.
>
> Alltagssprachlich ist mit dem Adjektiv *flach* die Vorstellung einer horizontal-waagrechten Linie verknüpft, mit dem Adjektiv *steil* die Vorstellung einer vertikal-senkrecht verlaufenden.

Ausgehend von diesen Konzepten wird die mittlere Linie hier von Lernenden zunächst als ‚flach' interpretiert werden, die beiden übrigen als ‚steil'. Tatsächlich bezeichnen die Wörter in ihrer fachsprachlichen Lesart hier Sachverhalte, die der Alltagsvorstellung diametral entgegenstehen: Als Sonnenstrahlen, die ‚flach' auf die Erde fallen, werden die beiden äußeren Linien bezeichnet, als ‚steil' – im 90°-Winkel – die mittlere Linie. Hier kann also nicht auf ein bestehendes Konzept zurückgegriffen werden, das um Bedeutungsaspekte erweitert wird, sondern es muss ein neues Konzept, quasi eine neuer Lexikoneintrag, aufgebaut werden.

„Falsche Freunde" können u.U. also zu erheblichen Rezeptionsschwierigkeiten führen. Sie bedürfen im Fachunterricht der besonderen Beachtung.

Naturphänomene

Sonne

Die Lichtstrahlen der Sonne erwärmen die Erde.

Je steiler
die Sonnenstrahlen
auf die Erde treffen,
desto wärmer ist es.

Die Sonnenstrahlen treffen
am Nordpol und am Südpol
flach auf.
Deshalb ist es in Grönland
sehr kalt.

Die Sonnenstrahlen treffen
am Äquator steil auf.
Deshalb ist es in Somalia
sehr heiß.

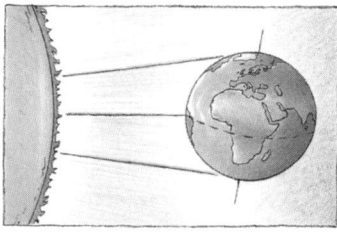

Abb. 5.3 | steil/flach

5 Planungshilfen für die Praxis

f) Welcher (Fach-)Wortschatz wird vorausgesetzt bzw. neu eingeführt?

Fachwortschatz — In Schulbüchern findet sich nicht immer eine stringente Konzeption hinsichtlich des Umgangs mit Fachwörtern. Insbesondere wird nicht immer markiert, was neu eingeführt wird und was nicht. Im vorliegenden Material finden wir das Wort *Revier* im Fettdruck und damit einen Hinweis darauf, dass dieses Wort hier neu eingeführt und definiert wird (vgl. Roelcke 2010). Ob ein Fachterminus neu für die Schülerinnen und Schüler ist, kann im Grunde nur der jeweilige Fachlehrer entscheiden.

Auf einige weitere Stolpersteine in Bezug auf Fachwortschatz soll im Zusammenhang mit dem vorliegenden Material noch hingewiesen werden. Unter Abbildung 1 erscheint das Verb *werben* in der Flexionsform *wirbt*. Manchen Schülerinnen und Schülern ist die hier verwendete Lesart ‚sich um jemanden bemühen' vielleicht nicht vertraut und sie rekurrieren auf ihr alltagssprachliches Vorwissen, die Lesart ‚für etwas Reklame machen'. Dessen sollte sich ein Fachlehrer bewusst sein. Ein weiteres Verständnisproblem können Flexionsformen eher selten gebrauchter (stark flektierter) Verben sein. So ein Fall liegt vor in „Überstehende Halme flicht sie" – die Form *flicht* ist für viele Schülerinnen und Schüler heutzutage nicht als Flexionsform von *flechten* identifizierbar. Andere Fachtermini wie z.B. *Drohrufe* oder *Nestgrundlage* werden nicht eigens eingeführt und definiert. Termini lateinischer oder griechischer Provenienz fehlen in diesem Textbeispiel ganz.

g) Sollen Texte geschrieben werden? Und wenn ja, welche – Protokoll, Bericht, Tabelle?

Aufgaben/Textarten — Die Aufgaben fordern (mindestens) zwei Textarten: Ein „Naturtagebuch" (vgl. o.) und die Niederschrift von Beobachtungen. Das Schulbuch bleibt allerdings vage, was den genauen Aufbau dieser Texte angeht. Hier sind u.U. explizite Vorgaben für die Schülerinnen und Schüler erforderlich. Auffällig ist, dass die Aufgabenstellungen nur indirekt mit dem sog. „Instruktionstext" zu tun haben: Dieser erfüllt hier vielmehr die Funktion eines Lernimpulses.

h) *Welche kommunikativen Handlungen sollen die Lernenden darüber hinaus ausführen, z. B. Textinformationen in eine Tabelle überführen oder eine computergestützte Präsentation, einen freien Vortrag halten?*

Neben der Lektüre des Instruktionstextes sind die Schülerinnen und Schüler explizit gefordert, ein Naturtagebuch zu verfassen (vgl. oben) sowie Beobachtungen (schriftlich) zu dokumentieren und/oder Fragen zu beantworten.

Die an diesem Beispiel exemplifizierten textuellen Merkmale können insbesondere bei sprachlich leistungsschwachen Schülerinnen und Schülern generell als potenzielle Schwierigkeitsfaktoren gelten, die zu Verständnisverzögerungen oder gar zu Nicht-Verstehen einzelner Textpassagen führen. Im konkreten Fall muss das aber nicht unbedingt zutreffen. Für die Bestimmung der Schwierigkeit einer Leseaufgabe oder der Probleme, die sich im Umgang mit Texten ergeben, sind auch die individuellen Fähigkeiten der Schülerinnen und Schüler maßgeblich. So könnte der Text in einer Klasse mit vorwiegend leistungsschwachen Schülerinnen und Schülern, die überdies Deutsch nicht als Mutter-, sondern als Zweitsprache erworben haben, zu Rezeptionsschwierigkeiten führen.

Nachdem die sprachlichen und strukturellen Merkmale eines Schulbuchtextes bzw. -materials erfasst wurden, kann es hilfreich sein, diese in eine Übersichtstabelle einzutragen. Das nachstehende Beispiel ist orientiert an Somani & Mobbs 1997.

Dieses **Thema** umfasst diese **Aktivitäten**, welche diese **Sprachhandlung** in dieser **sprachlichen Struktur** verlangen unter Verwendung dieses **Wortschatzes**

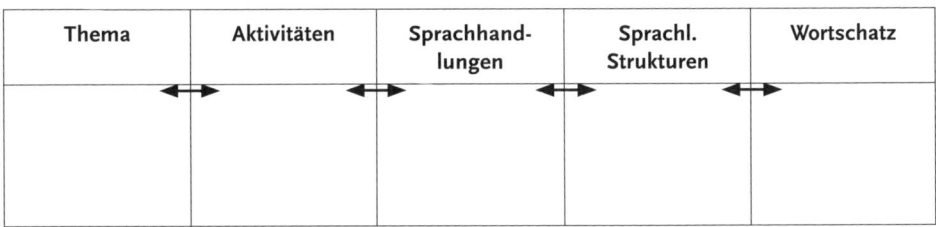

Abb. 5.4 | Planungsraster nach Somani und Mobbs 1997 (aus Naldic News 13, November 1997)

Überleben im Wasser

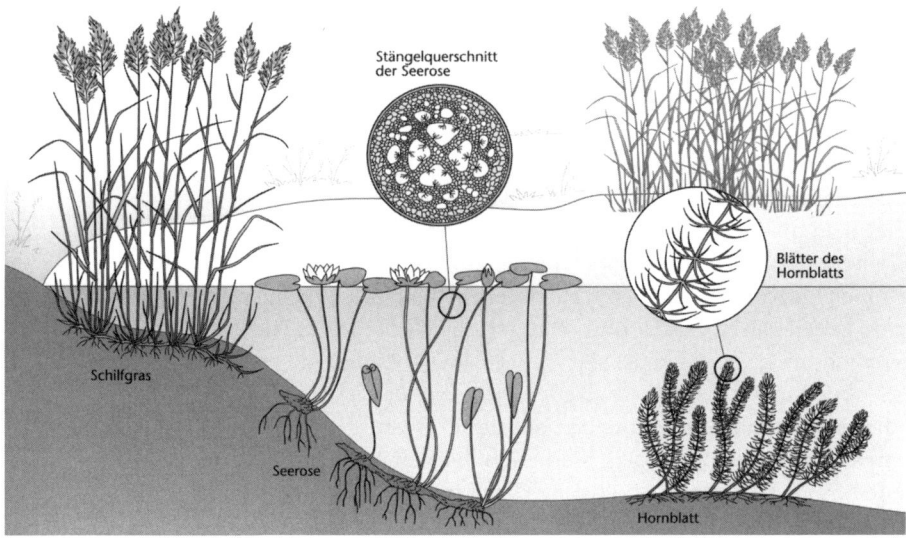

1 Pflanzen im See

Der Strömung standhalten

Pflanzen, die ständig im Wasser leben, müssen mit mehreren Problemen fertig werden: Strömungen und Wellenschlag zerren an ihnen, die Höhe des Wasserstandes wechselt oft.

Das Gewässer gliedert sich in unterschiedliche Bereiche: Am Rand wächst meist ein **Röhricht**. Pflanzen dieses Bereichs haben lange Stängel bzw. die Blätter sind so lang, dass die Pflanze auch bei hohem Wasserstand noch aus dem Wasser ragt. So kann Schilf noch in 2 m tiefem Wasser wurzeln, ohne dass die Blätter unter Wasser sind.

Die **Schwimmblattpflanzen** wie die Seerose (▸B2) müssen vor allem mit den Bewegungen des Wassers fertig werden. Sie haben deshalb lange, biegsame Stängel mit Luftkanälen im Innern. Ihre großflächigen Schwimmblätter besitzen Luftkammern, sie sind derb und zerreißen nicht leicht. Die Oberseite der Schwimmblattpflanzen ist mit Wachs überzogen, Wassertropfen rollen daher sofort von ihr ab. Aufgrund ihrer Anpassungen können die Schwimmblattpflanzen noch in einer Wassertiefe bis zu 4 m wachsen.

In größerer Tiefe wachsen **Tauchpflanzen** (B3). Ihr Bau ist darauf ausgerichtet, dass die Pflanzen von Strömungen nicht aus dem Boden gerissen werden können. Die Stängel sind elastisch und mit großen Lufträumen ausgestattet. Die Blätter sollen dem Wasser keine Angriffsfläche bieten: Sie wachsen entweder rund um den Stängel wie bei der Wasserpest, sind gefiedert oder fein geschlitzt wie beim Hornblatt (B1).

Einige Pflanzen – z.B. der Wasserhahnenfuß (▸B3) – bilden unter Wasser feinzerschlitzte Tauchblätter und oberhalb des Wassers ganzrandige, runde Schwimmblätter aus. Dazwischen gibt es Übergangsformen.

> Wasserpflanzen sind so gebaut, dass sie Strömung, Wellenschlag und wechselnde Wasserstände ertragen können. Die Stängel sind widerstandsfähig und die Blätter bieten wenig Angriffsfläche.

Versuche

1 Blase durch den Stiel eines See- oder Teichrosenblatts Luft in das untergetauchte Blatt. Wo kommt die Luft wieder raus? Erkläre.

2 Tauche Blätter einer Schwimmblattpflanze unter Wasser. Beobachte und beschreibe, wie das Wasser vom Blatt abläuft. Erkläre.

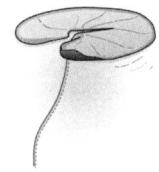

2 Schwimmblatt der Seerose

Schwimmblatt

Tauchblatt
3 Wasserhahnenfuß

Abb. 5.5 | „Überleben im Wasser"

Übung 5.1
| Schauen Sie sich die Schulbuchseite „Überleben im Wasser" an und führen Sie eine Materialanalyse durch. Orientieren Sie sich dabei an den oben gegebenen Leitfragen.

5.1.2 Lern- und Sprachstandserfassung

Komplementär zur Materialanalyse wird der Sprach- und Lernstand der Klasse oder individueller Lerner erfasst und mit den sprachlichen und fachlichen Anforderungen des untersuchten Materials abgeglichen. Über welches Vorwissen verfügen die Schülerinnen und Schüler die geforderten Strukturen betreffend?

Bezüglich der Sprachstandserfassung hält der Fachlehrende gegebenenfalls Rücksprache mit den Kolleginnen und Kollegen, die ebenfalls in der Klasse unterrichten, um eine breitere Entscheidungsgrundlage für seine Unterrichtsplanung zu erhalten. In Klassen mit Schülerinnen und Schülern, die sprachliche Defizite aufweisen, ist es unter Umständen hilfreich, punktuell immer wieder sprachliche Auffälligkeiten zu notieren und Fortschritte zu vermerken, etwa in Form einer sog. „Lernkarte". Aufgrund der Individualität unserer Schülerinnen und Schüler beschränken wir uns hier auf einige allgemeine Hinweise.

Sprachstandserfassung

Name:	Klasse / Fach: 5
Thema:	
Fachwortschatz	
Leseverstehen	
Hörverstehen	
Sprechen / Interaktion	
Schreiben	
Sonstige Bemerkungen:	

Abb. 5.6 | „Lernkarte"

5 Planungshilfen für die Praxis

Übung 5.2

Sehen Sie sich die Texte von zwei Kölner Fünftklässlern an und versuchen Sie anhand der Textmerkmale etwas über die erreichten (fach-)sprachlichen Kompetenzen zu ermitteln. Tragen Sie die Ergebnisse in die „Lernkarte" ein.

Schülertext 1*:

NW Aufgabe

Beschreibung:

- hat kaum Blätter
- weisse Blüten
- innen drinn ist es gelb
- hat kleine härrschen an dem Stängel
- der Stiel ist lang und dünn

Text:
Die Pflanze hat kaum Blätter. Sie hatt weisse Blüten und in den Blüten ist es gelb. Sie hatt also gelbe Staubblätter. Sie hatt einen langen dünner Stängel der kleine härrschen hat.

Schülertext 2*:

Blüte beschreiben:

von oben nach unten:

Oben hat die Blüte kleine Blätter und noch mehr nach innen hat die Blüte noch kleinere Staubblätter. Ganz innen drinnen hat die blüte in der Mitte einen Fruchtknoten. Einbisschen mehr nach unten hat die Blüte einen langen Blütenstiel Darunter sind Hochblätter und eine Frucht. Dann geht das immer so weiter mit 8 Keichblättern, Kornblätter, wechselständige Blätter, Stängel und Blattrosetten. All diese Sachen sehen so ähnlich aus wie die normalen Blätter. Ganz unten ist dann an der Stelle abgeschnitten. Alle Hochblätter nach unten sehen gleich aus.

*(Die Texte stammen aus einem unveröffentlichten Korpus von Schülertexten von Michael Becker-Mrotzek)

Abb. 5.7 | Schülertexte Klasse 5 Pflanzenbeschreibung

5.1.3 Fachliche und sprachliche Lernziele

Die Ergebnisse der Materialanalyse und die Lernerdaten bilden den Ausgangspunkt für die Planung des Fachunterrichts. Den nächsten Schritt bildet hierbei die Formulierung von Lernzielen. Es sollen jeweils fachliche und sprachliche Lernziele formuliert werden. Diese Lernziele werden dann aufeinander bezogen.

So kann beispielsweise im Fach Biologie ein fachliches Lernziel darin bestehen, dass die Schülerinnen und Schüler den Unterschied zwischen Pflanzenzellen und Tierzellen erkennen können. Als korrespondierendes sprachliches Lernziel kann hier formuliert werden, dass Schülerinnen und Schüler die Merkmale der beiden Zelltypen – unter Verwendung der entsprechenden Fachtermini – auflisten, in eine Tabelle eintragen und sich mit ihrem Lernpartner oder ihrer Lernpartnerin mündlich darüber austauschen.

In nahezu allen Schulfächern sind in den Bildungsstandards neben den fachlichen Zielen auch sprachliche Ziele festgelegt. Schauen Sie sich beispielsweise den folgenden Deskriptor aus den Bildungsstandards Geographie für dem Mittleren Schulabschluss an, in dem explizit sprachliche Lernziele beschrieben sind:

K1 Fähigkeit, geographisch/geowissenschaftlich relevante Mitteilungen zu verstehen und sachgerecht auszudrücken.

Schülerinnen und Schüler können:
- geographisch relevante schriftliche und mündliche Aussagen in Fachsprache und Alltagssprache verstehen
- geographisch relevante Sachverhalte/Darstellungen (in Text, Bild, Grafik etc.) sachlogisch geordnet und unter Verwendung von Fachsprache ausdrücken

In der nachstehenden Lerneinheit aus dem Fach Geographie wird in die Arbeit mit dem Atlas eingeführt. Die fachlichen Ziele sind hier deutlich: Die Schülerinnen und Schüler sollen lernen, mit dem Register im Atlas umzugehen. Sie sollen außerdem lernen, Karten zu lesen und Orte auf Karten zu finden. Dazu müssen sie weitere geographische Kenntnisse aktivieren, sie müssen wissen, dass beispielsweise ein schwarzer Kreis oder Punkt auf der Karte einen Ort repräsentiert, dass man an der Größe der Beschriftung die Größe des Ortes (Einwohnerzahl) ablesen kann etc.

5 Planungshilfen für die Praxis

→ TERRAMethode

Sich orientieren

Wie du mit dem Atlas arbeitest

Popocatépetl, Mississippi, Krk, Brno, Churchill – hast du diese geheimnisvollen Namen schon einmal gehört? Oder du siehst Sportsendungen wie Tennis in Wimbledon, Autorennen in Imola. Fragst du dich dann nicht: Wo liegen denn all diese Orte? Hier hilft dir der Atlas. Er ist eine Kartensammlung, als Buch gebunden. Natürlich findest du nicht nur Orte oder Flüsse oder Gebirge im Atlas. Manchmal ist es auch wichtig, etwas über die Umgebung zu erfahren: die Landschaft.

Suchst du einen der genannten Namen, dann benutzt du das Namensverzeichnis am Ende eines Atlas: das Register. Alphabetisch findest du darin alle Namen von Städten, Gebirgen, Flüssen, Seen usw., die im Atlas vorkommen. In diesem Verzeichnis findest du zum Beispiel Churchill. Das Auffinden des Ortes auf der jeweiligen Kartenseite erleichtert dir das Suchgitter. Du kennst ein solches Gitter schon vom Stadtplan. Auf den Atlaskarten wird meist das Gradnetz der Erde als Suchgitter benutzt.

Atlasseite 122/123

Wie du einen Ort im Atlas findest:
1. Schritt: Namensverzeichnis (Register) aufschlagen:

Chugokugebirge 92 C3/4
Chur 52/53 C2
Churchill; Stadt in Kanada 122/123 J4
Churchill; Fluss zur Hudson Bay 122/123 J4
Churchill; Fluss zur Labradorsee 122/123 M4
Cienfuegos 124/125 E4
Cima dell'Argentera 52/53 B3

2. Schritt: Entsprechende Atlasseite aufschlagen und in der Abteilung J4 des Suchgitters den Ort Churchill suchen.

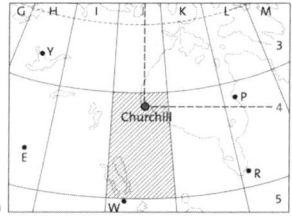

1 Geheimnisvolle Namen und Zungenbrecher: Suche die Namen im Register und auf den dort angegebenen Seiten. Notiere wie folgt:

	Das ist ...	und liegt ...
Fudschijama	ein Berg	in Japan
Honolulu		
Popocatépetl		
Mississippi		
Krk		
Brno		
Churchill		

2 Wähle aus Meldungen in der heutigen Tageszeitung drei dir unbekannte Orte. Suche diese im Atlas und notiere wie in Aufgabe 1.

38

Abb. 5.8 | „Wie du mit dem Atlas arbeitest"

Was könnten sprachliche Ziele sein? Zum einen sollen die Schülerinnen und Schüler selektiv lesen, d.h. sie sollen zunächst im Register einzelne Begriffe und die dazugehörenden Informationen auffinden, lesen und die entnommene (sprachliche) Information anschließend weiterverwenden, etwa anhand der Angaben zu Seitenzahl, Gitternetzkoordinaten u.ä. einen Ort auf der Karte lokalisieren. Außerdem sollen sie die aus der Karte gewonnene Information in eine Tabelle eintragen können. Dabei müssen auch bestimmte fachgebundene grafische Kodierungen (etwa: schwarzer Punkt = Stadt) in sprachliche Kodierungen (also etwa „Das ist ...") umgewandelt werden.

Übung 5.3

Formulieren Sie
1) ein fachliches Ziel
2) ein sprachliches Ziel
zu der Unterrichtseinheit „Überleben im Wasser".

5.2 Unterrichtsplanung: Sequenzierung

In Kapitel 5.1 wurden die Grundlagen für die Unterrichtsplanung erarbeitet. Nun geht es darum, die einzelnen Unterrichtsphasen und –schritte zu gestalten und in eine sinnvolle Abfolge zu bringen (Sequenzierung). Bei der Sequenzierung sind, mit Blick auf didaktische Konzeptionen, verschiedene Wege möglich. Wir wollen hier, vor dem Hintergrund von Erkenntnissen aus der Unterrichtsforschung und – konkret – den Erfahrungen der verschiedenen Vermittlungsansätze (vgl. Kapitel 4), exemplarisch einen Weg der Sequenzierung von Lernaufgaben zeigen, den wir selbst verschiedentlich erfolgreich angewendet haben: Wir schlagen vor, die Lernaufgaben auf der fachlich-inhaltlichen Ebene von der konkreten Anschauung hin zu einer abstrakteren Ebene anzulegen, auf der sprachlichen Ebene vom eher alltagssprachlichen, kontextgebundenen Sprachgebrauch hin zu einem kontextreduzierten, expliziteren Sprachgebrauch fortzuschreiten (vgl. auch Cummins' Quadrantenmodell in Kap. 2.3).

Dabei soll an den Lern- und Sprachstand der Schülerinnen und Schüler angeknüpft (vgl. 5.1.2) und in Abhängigkeit davon u.U. geeignetes (Zusatz-)Material ausgewählt werden. Gegebenenfalls ist es notwendig, konkretes Anschauungsmaterial einzusetzen oder die Schülerinnen und Schüler zunächst selbst Experimente durchführen zu lassen, um sie über einen ersten Konzepterwerb auf den Unterrichtsgegenstand hinzuführen.

Außerdem sind verschiedene Lern- und Arbeitsformen festzulegen. Um die fachsprachliche Kompetenz zu fördern, eignet sich etwa Kleingruppenarbeit, in denen die Schülerinnen und Schüler gefordert sind, miteinander zu interagieren und dabei (fach-)sprachlich zu handeln, Informationen auszutauschen und über Inhalte zu verhandeln. Es sei an dieser Stelle noch einmal explizit auf die Bedeutung des eigenen (fach-)sprachlichen Handelns hingewiesen: Über die Aufgabe, sprachlich-produktiv zu handeln, werden die Schülerinnen und Schüler gezwungen, sich mit den fachlichen Inhalten auseinanderzusetzen. Im Rahmen der Bedeutungsaushandlung bzw. der gemeinsamen Bedeutungskonstitution hat die Interaktion auf Schüler-Ebene nicht allein eine soziale, sondern auch ganz klar eine epistemische Funktion.

Lern- und Arbeitsformen

Auch die Darstellungsformen, durch die die (neuen) Inhalte präsentiert werden sollen (vgl. Leisen 2009), sind möglichst dem Sprach- und Kenntnisstand der Lernenden entsprechend bzw. leicht darüber liegend auszuwählen. U.U. ist es erforderlich, vermittelnde Texte (Brückentexte) einzusetzen, wenn die Texte im Schulbuch zu weit über dem Kompetenzniveau der Schülerinnen und Schüler liegen – und damit inhaltlich wie sprachlich jenseits der „Zone der proximalen Entwicklung" (Wygotski 1934/2002).

Darstellungsformen

Zur Förderung der fachsprachlichen Kompetenz ist auf (1) die Qualität des sprachlichen Inputs und der unterrichtlichen Kommunikation zu achten (vgl. dazu auch unten, Kap. 5.3). Soll eine fachsprachliche Struktur oder ein Fachbegriff gelernt werden, so muss sie bzw. er (2) in einer bestimmten Frequenz vorkommen: Einen Begriff einmal zu erwähnen, reicht nicht, denn so wird eine Struktur nicht unbedingt wahrgenommen und ins Gedächtnis überführt. Wie bei allem Lernen gilt auch hier, dass saliente, d.h. wahrnehmbare Reize sehr viel stärker die Aufmerksamkeit auf sich ziehen als nicht-saliente. (3) Lehrende sollten nicht nur auf mündlichen Input setzen, sondern Lernende mit Schrift konfrontieren, um das Behalten zu fördern. Schließlich sollten (4) Formen und Funktionen fachsprachlicher Muster und Strukturen bewusst gemacht werden. Dazu kann es sich als sinnvoll erwei-

Sprachlicher Input

sen, metasprachliche und metakognitive Phasen einzuplanen. Verschiedene Studien zeigen, dass metasprachliche und metakognitive Reflexion den Lernfortschritt fördern kann.

Am Beispiel einer Unterrichtseinheit zum Aufbau und zur Funktionsweise eines Kompasses (Fach Geographie in Klasse 5/6) soll nun exemplarisch gezeigt werden, wie die Sequenzierung eines Unterrichts unter Berücksichtigung dieser vier Prinzipien aussehen kann.

Die Zielgruppe ist eine fünfte Klasse an einer Gesamtschule; in der Klasse finden sich hauptsächlich Kinder aus bildungsfernen Elternhäusern, der Anteil an Kindern, deren Muttersprache nicht Deutsch ist, liegt bei rund 50%. Davon sind wiederum die Hälfte so genannte Seiteneinsteiger, die erst seit gut einem Jahr in Deutschland leben. Die Lesekompetenz aller Schülerinnen und Schüler ist unterdurchschnittlich. Geplant ist eine (Doppel-)Stunde, ca. 90 Min.

Fachlich-inhaltliche Ziele: Die Schülerinnen und Schüler kennen:
- den Aufbau eines Kompasses;
- seine Funktionsweise.

Sprachliche Ziele: Die Schülerinnen und Schüler können:
- den Aufbau eines Kompasses beschreiben;
- einen Text zu Aufbau und Funktionsweise eines Kompasses verstehen.

Der (Schulbuch-)Text, der am Ende der Unterrichtseinheit rezipiert werden soll, lautet wie folgt:

Die Sache mit dem Kompass

Der Kompass besteht aus einer frei schwingenden Magnetnadel und einer Windrose. Da die Erde wie ein riesiger Magnet wirkt, richtet sich die Kompassnadel überall auf der Erde in Richtung Nordpol aus. Die markierte Spitze zeigt also immer nach Norden. Zur Bestimmung einer Himmelsrichtung muss man den Kompass so lange drehen, bis die Spitze der Nadel und N übereinstimmen. (Terra 5/6, S. 35)

Der Text beschreibt Aufbau und Funktionsweise eines Kompasses. Er enthält eine Reihe von Fachtermini: *Kompass, Magnetnadel, Windrose, Magnet, Kompassnadel, Nordpol, N, Spitze*. Viele Nomen sind attributiv erweitert, etwa „ein riesiger Magnet", „die

5 Planungshilfen für die Praxis

markierte Spitze", „einer frei schwingenden Magnetnadel". Auch gibt es interessante Verweisstrukturen: *Magnetnadel, Kompassnadel, Nadel* beziehen sich auf das gleiche Referenzobjekt; ebenso bilden *Nordpol, Norden* und *N* hier eine Verweiskette. Mit *Zur Bestimmung einer Himmelsrichtung* liegt eine komplexe Präpositionalphrase vor, die finale Funktion hat und durch einen Nebensatz wie *Um die Himmelsrichtung zu bestimmen...* aufgelöst werden kann. All diese Merkmale können, insbesondere wenn gleichzeitig mangelnder Erfahrung im Umgang mit Kompassen vorliegt, d.h. kein „Kompass-Konzept" zur Verfügung steht, zu Rezeptionsbarrieren führen.

Der Ablauf dieser Doppelstunde folgt dem Muster „vom Konkreten zum Abstrakten, von der Alltagssprache zur Fachsprache". Er ist in der folgenden Übersicht abgebildet:

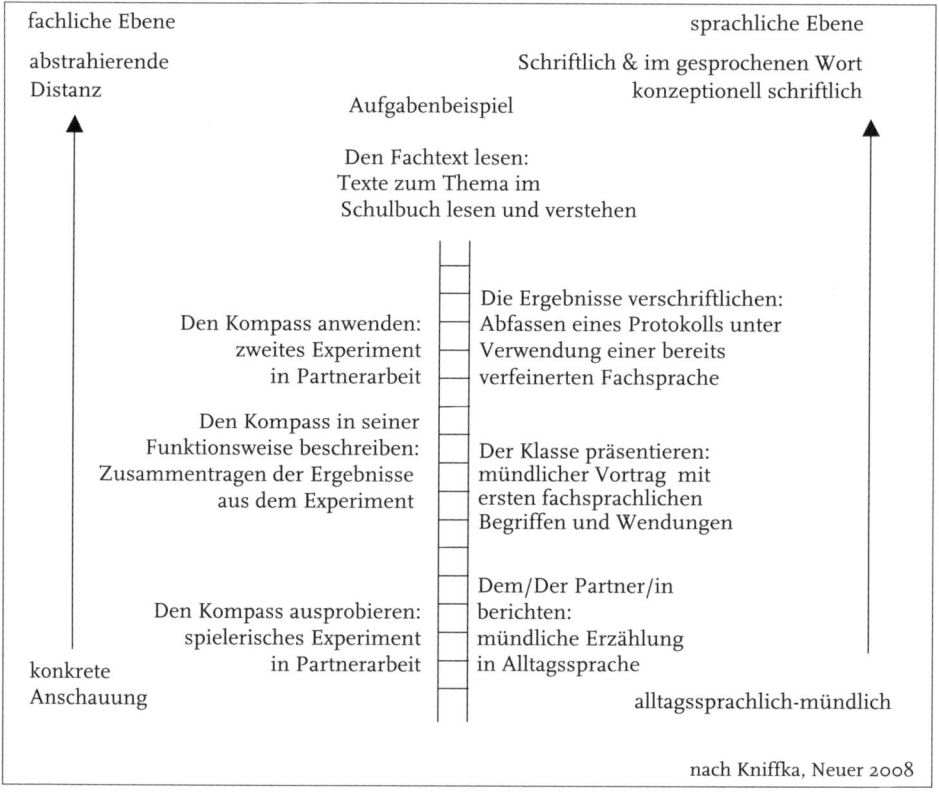

nach Kniffka, Neuer 2008

Abb. 5.9 | Ablauf einer Doppelstunde

Schritt 1: Im ersten Schritt soll an das Vorwissen der Schülerinnen und Schüler angeknüpft werden (Aktivierung eines bekannten Konzeptes) bzw. es soll ggf. eine Erfahrungsgrundlage gelegt werden (Schaffung eines vorläufigen Konzeptes). Dazu erhalten jeweils zwei Schülerinnen und Schüler einen Kompass. Sie sind gefordert, mit ihm zu experimentieren; sie sollen ausprobieren, was passiert, wenn sie den Kompass drehen, sollen beobachten, wie sich die Kompassnadel bewegt. Dabei sollen sie auch darüber spekulieren, was die Buchstaben auf der Windrose bedeuten. Während dieser Phase wird über das eigene Tun und über eigene, gelenkte Beobachtungen erstes Erfahrungswissen aufgebaut. Die Lernpartner tauschen sich interagierend über diese Beobachtungen aus, wobei sie ihre Alltagssprache benutzen.

Aktivierung von Vorwissen

Schritt 2: Ziel des zweiten Schrittes ist es, fachsprachliche Strukturen und Termini einzuführen und zu einer ersten Verwendung zu bringen, auf der fachlichen Seite soll das Beobachtete aus dem Gedächtnis rekonstruiert werden. Konkret heißt das, dass eine Schülerin oder ein Schüler im Plenum von den gemachten Erfahrungen berichtet. Während des Vortrags führt die Lehrperson das anvisierte sprachliche Material ein, also Fachbegriffe wie *Windrose, Kompassnadel* oder auch Wendungen wie *zur Bestimmung der Himmelsrichtung* und fordert die Vortragen auf, diese zu benutzen (gestütztes Berichten). Da die Vortragenden (und Zuhörenden) in räumlich-zeitlicher Distanz zum konkret Erfahrenen stehen und die Vorgänge nicht mehr in sichtbarer Weise, sondern nur noch sprachlich „visualisiert" werden, ist eine explizitere Sprache erforderlich. Es reicht nicht, mit *das da* auf ein außersprachliches Objekt zu verweisen, vielmehr ist in dieser Situation der Fachbegriff gefordert. Damit ist ein Schritt in fachsprachliches Handeln, in eine konzeptionell-schriftsprachliche Varietät getan. Durch das Nennen der Begriffe und Wendungen, ihre Niederschrift auf die Tafel und die Verwendung durch die Schülerinnen und Schüler wird in dieser Phase bereits der Forderung nach Salienz Rechnung getragen (vgl. o.).

Einführung fachsprachlicher Formen und Strukturen

Schritt 3: In einem nächsten Schritt kann auf der sprachlichen Seite die Verschriftlichung von Beobachtungen im Umgang mit dem Kompass angestrebt werden. Fachlich gesehen wenden die Schülerinnen und Schüler nun ihre neu erworbenen Kenntnisse zum Kompass im freien Feld an. Hier wäre denkbar, dass man den Schülerinnen und Schülern – wiederum in Partnerarbeit – ein

Vertiefung: Hinführung zur Schriftlichkeit

Experiment aufgibt, das etwa auf dem Schulhof, dem Schulgelände durchgeführt werden kann. So könnten sie versuchen herauszufinden, in welche Himmelsrichtung sie gehen, wenn sie nach der Schule den Heimweg antreten. Oder sie bestimmen die Lage von Gebäuden, Sehenswürdigkeiten in Relation zum Standort der Schule. Das Aufgabenblatt, das die Lernpartner jeweils bearbeiten, sollte die oben angeführten Fachtermini enthalten, aber auch Wendungen und Strukturen, die für die Abfassung des Textes wichtig sind (gestütztes Berichten in schriftlicher Form). Damit wäre ein weiterer Schritt in Richtung konzeptioneller Schriftlichkeit getan. Fachlich sind die Schülerinnen und Schüler gefordert, vom Erlebten, Beobachteten zu abstrahieren und die wichtigsten Punkte in den schriftlichen Bericht einzubringen. Sind die Lernenden in Schritt 2 nur rezeptiv der Schrift begegnet, so sind sie in Schritt 3 nun auch produktiv-schriftlich gefordert.

Begegnung mit dem Text

Schritt 4: Im vierten und letzten Schritt setzen sich die Schülerinnen und Schüler mit dem Schulbuchtext „Die Sache mit dem Kompass" auseinander. Dieser Text enthält, wie oben bereits gezeigt wurde, einige fachsprachliche Merkmale, die das Verstehen beeinträchtigen könnten. Da die Schülerinnen und Schüler durch ihre Experimente und Beobachtungen und durch erste Begegnungen mit fachsprachlichen Wörtern und Wendungen bereits mentale Konzepte aufgebaut haben und sie das im Text Beschriebene mit konkreten Vorstellungen verbinden können, ist der Weg zur vollständigen Textrezeption und zum Textverstehen geebnet. Die Lehrkraft kann in diesem Zusammenhang noch eine kurze metasprachliche Reflexion durchführen; anbieten würde sich eventuell ein Gespräch über die verschiedenen Begriffe für die Kompassnadel im Schulbuchtext.

Übung 5.4

Führen Sie eine Grobplanung für die erste Unterrichtsstunde zum Thema „Überleben im Wasser" durch. Verwenden Sie das nachstehende Planungsraster als Hilfe.

Zeit	Phase	Unterrichtsverlauf			Arbeitsformen-, -methoden und -mittel
		Inhalt		Sprache	
		Darstellungsform	Lernaufgaben	Register	
		vom Konkreten		vom Alltagssprachlichen	
				über mode continuum	
		zum Abstrakten		zum konzeptionell Schriftlichen	

Abb. 5.10 | Planungsraster für den Unterricht (aus Kniffka/Neuer 2012)

In den Abschnitten 5.1 und 5.2 wurden Materialanalyse, Lernstandserfassung und Unterrichtsplanung beschrieben – diese entsprechen insgesamt dem, was Gibbons 2002 als „Makro-Scaffolding" (vgl. 4.4) bezeichnet. Dieses ist vom Mikro-Scaffolding zu unterscheiden, der unterstützenden Unterrichtsinteraktion, der wir uns im folgenden Abschnitt zuwenden werden.

Hinweis

Wir können hier nur grobe Hinweise für die Unterrichtsplanung geben. Detailliertere Planungshilfen zur Arbeit mit Fachbüchern und Fachtexten, Fachwortschatz etc. finden sich in: Ohm / Kuhn / Funk 2007.

Eine Fülle von erprobten Formen und Formaten sprachlicher Übungen im Fachunterricht liefert Leisen 2009.

Exkurs 4: Mit Fachtexten arbeiten

Vor dem Lesen	Während des Lesens	Nach dem Lesen
• Erfahrungen und Vorwissen aktivieren • Wortfelder aktivieren	• Mittel zur Lenkung der Aufmerksamkeit erkennen • Zusatzinformationen nutzen	• Auseinandersetzung mit den Inhalten des Textes • Verwendung des (neuen) Sprachmaterials

1: Vor dem Lesen
Arbeit mit Sprachmaterial aus dem zu bearbeitenden Text
- Titel und Untertitel vorgeben; Hypothesen dazu aufstellen
- Stichwörter aus dem Text vorgeben – worum geht es im Text?
- Wörter oder Wortergänzungen assoziieren, assoziierte Begriffe gemeinsam erklären/definieren (Assoziogramm – Wortigel)
- nach Oberbegriffen suchen und diese ordnen (*mind map*)
- Zuordnungsaufgaben:
Begriffe aus dem Text den entsprechenden Synonymen, Antonymen, Paraphrasen, Erklärungen, Definitionen zuordnen (...)
einfacheren Paralleltext schreiben und Sätze mischen („schütteln"), die Lernenden müssen die Sätze in die richtige Reihenfolge bringen

Arbeit mit zusätzlichem (Sprach-)Material
- fehlende Sprechblasen ergänzen (Karikatur, Bildergeschichten);
- Collage aus verschiedenen Materialien zum Thema zusammenstellen;
- über Bilder, Grafiken, Statistiken, Diagramme, Tabellen sprechen (Redemittel vorgeben), Hypothesen über den Textinhalt aufstellen lassen
- Informationen zum Thema geben (in einfachen Sätzen), die auch über den Textinhalt hinausgehen können; Zuordnung nach dem Lesen des Textes: Was steht im Text?

2: Während des Lesens
Globalverständnis durch kursorisches Lesen herstellen
- Unterstreichen von Schlüsselwörtern und/oder Hauptinformationen des Textes
- W-Fragen (Wer – Wann – Was – Wo – Wie ... in ein Raster schreiben)
- Zuordnungen (Überschriften zu Textabschnitten; Grafiken/ Bilder zu Textabschnitten; Schlüsselwörter zu Textstellen; Schlüsselwörter zu Zahlen

Textverständnis durch selegierendes/detailliertes Lesen intensivieren
- Ja/Nein bzw. Richtig/Falsch-Antworten ankreuzen
- Sätze, Textabschnitte, Aussagen in die richtige Reihenfolge bringen
- ungegliederten Text mit Hilfe vorgegebener Überschriften gliedern
- Aussagen des Paralleltextes den entsprechenden Textstellen zuordnen und die Aussagen des Textes mit dem Paralleltext vergleichen
- W-Fragen zu besonderen Aspekten des Textes beantworten
- Textbauplan erkennen und ausfüllen bzw. erstellen
- Text und Visualisierung vergleichen, identische/unterschiedliche Informationen finden und evtl. in einen Lückentext eintragen
- Tabelle mit Textaussagen ergänzen

3: Nach dem Lesen
Reproduktive Beschäftigung mit dem Text
- Textrekonstruktionen mit Hilfe von Schlüsselwörtern / Flussdiagrammen / Rastern / Schaubildern
- Wortfelder erweitern und festigen
- Paraphrasierung wichtiger Ausdrücke und Wendungen
- evtl. auch übersetzen

Produktive Beschäftigung mit dem Text
- Fragen zum Text in eigenen Worten beantworten und in den Unterrichtszusammenhang stellen
- auf den Text reagieren, z.B. Leserbrief, Kommentar
- Textzusammenfassung schreiben
- Text als Schaubild / Grafik wiedergeben
- eigenen Text mit Hilfe eines Schaubildes erstellen

- Textsortenwechsel, z.B. Bericht – Protokoll/Werbetext
- Rollenspiel oder Diskussion Pro & Kontra

(Quelle: Ohm et al. 2007, 35/36)

5.3 Unterrichtsinteraktion – Mikro-Scaffolding

Bedeutung der Lehrperson

Von zentraler Relevanz für den schulischen Erfolg, das haben jüngst die Metaanalysen von Hattie noch einmal gezeigt (Hattie 2009), ist die Person des Lehrers/der Lehrerin. Neben einer Reihe von Persönlichkeitsmerkmalen spielt die Qualität der Unterrichtsinteraktion, deren Ausgestaltung in beträchtlichem Ausmaß von der Lehrperson abhängt, eine entscheidende Rolle.

Lehrer-Schüler-Interaktion

Edwards und Mercer (1987, 101) halten in Bezug auf die von ihnen beobachteten Unterrichtsinteraktionen einschränkend fest, dass es für die handelnde Lehrperson zwar nahezu unmöglich ist, alles, was im Unterricht gesagt und getan wird, im Auge zu behalten. Doch sie streichen den Stellenwert der Lehrer-Schüler-Interaktion heraus, indem sie konstatieren, „that it is essentially in the discourse between teacher and pupil that education is done, or fails to be done." Was ‚doing education', was eine effektive Interaktion ausmacht, wird im Folgenden skizziert.

Mikro-Scaffolding

Unter dem Begriff des Mikro-Scaffolding (vgl. Abb. 4.4) entwirft Gibbons (2002, 2008) ein Konzept zur Unterrichtsinteraktion, welches weit über das bekannte Frage-Antwort-Schema (‚fragend-entwickelnder Unterricht') hinausgeht (vgl. dazu auch Klieme et al. 2006, Helmke 2006) und dessen wichtigstes Merkmal die aktive sprachlich-fachliche Unterstützung der Schülerinnen und Schüler darstellt. Für die Durchführung dieser Art der Unterrichtsinteraktion sind u.a. von Gibbons folgende Prinzipien vorgeschlagen worden:

a) Verlangsamung der Lehrer-Schüler-Interaktion
   Lehrende sollten versuchen, langsamer sprechen und evtl. Wiederholungen oder kurze Pausen in ihre Äußerungen einzubauen, da Zweitsprachlernende und leistungsschwächere Schülerinnen und Schüler mehr Zeit brauchen, um die sprachlichen Äußerungen der Lehrperson zu verarbeiten.
b) Gewährung von mehr Zeit für die Planung und Äußerung von Schülerbeiträgen

Die sprachlich-inhaltliche Planung von Beiträgen erfordert bei leistungsschwächeren Schülerinnen und Schülern sowie bei Zweitsprachlernenden mehr Zeit. Lehrerinnen und Lehrer sind gelegentlich etwas zu ungeduldig und gewähren Schülerinnen und Schülern zu wenig Zeit zum Überlegen und Planen ihrer Beiträge. Überdies sollte mehr Zeit für die Schüleräußerung selbst eingeräumt werden, u.a. auch deshalb, um Schülerinnen und Schülern die Gelegenheit zu komplexeren, längeren monologischen Äußerungen zu geben.

c) Variation der Interaktionsmuster
Vor allem das gängige Schema ‚Lehrerfrage – Schülerantwort – Lehrerkommentar' könnte variiert werden. Optimal wäre das Bemühen um authentischere Unterrichtskommunikation, in dem Sinne, dass die Lehrerin oder der Lehrer ‚echte' Fragen stellt oder Impulse gibt, die nicht von vornherein eine bestimmte inhaltliche Replik implizieren, sondern die den Schülerinnen und Schülern einen gewissen Freiraum gewähren und ihnen erlauben, komplexere Äußerungen (statt einer Ein-Wort-Antwort) zu planen (vgl. b)).

d) Aktives Zuhören durch die Lehrkraft
Lehrerinnen und Lehrer sollten den Schülerinnen und Schülern aktiv zuhören, d.h. nicht selektiv auf eine bestimmte erwartete und erwünschte Information achten, sondern den von der Schülerin oder dem Schüler intendierten Inhalt nachvollziehen und entsprechend (authentisch) darauf reagieren. Dies fördert u.U. die Motivation der Schülerinnen und Schüler, sich im Unterricht zu äußern.

e) Re-Kodierung von Schüleräußerungen durch die Lehrkraft
Re-Kodierung, d.h. die Wiederholung einer Äußerung in einer angemesseneren (korrekteren oder fachsprachlicheren) sprachlichen Form, kann vor allem im Kontext von gestütztem Berichten (vgl. oben 5.2) hilfreich sein. Lehrerinnen und Lehrer nehmen beispielsweise eine (alltagssprachliche) Schüleräußerung auf und überführen sie in ein fachsprachliches Register oder sie wiederholen eine fehlerhafte Schüleräußerung in der korrekten Form. Dieses Interaktionsverhalten kann dazu beitragen, dass den Lernenden das korrekte Fachwort / eine korrekte Struktur im jeweiligen Kontext deutlich wird.

f) Ermutigung zur Selbstverbesserung
In manchen Kontexten ist es u.U. sinnvoll, dass die Lehrperson den Inhalt einer Schüleräußerung nicht selbst in die angemessenere Form bringt, sondern dass sie den Schüler oder die Schülerin daran erinnert, dass es eine alternative Ausdrucksmöglichkeit gibt, und ihm bzw. ihr das Rederecht wieder überträgt.

g) Einbettung von Schüleräußerungen in größere konzeptuelle Zusammenhänge
Mit Kommentaren wie „Mit deinem Beitrag hast du noch einmal auf ... verwiesen" oder „Damit beziehst du dich wieder auf ..." kann die Lehrperson eine Schüleräußerung mit einem übergeordneten Gesichtspunkt verknüpfen. Auf diese Weise kann eine Beziehung zwischen der Schüleräußerung und dem fachlich-thematischen Gesamtkontext hergestellt werden, der Schüleräußerung ein Rahmen gegeben werden, der den Lernenden Orientierung gibt.

h) Bewusstmachung und Reflexion von sprachlichen Formen und Handlungsweisen
Wie in 5.2 ausgeführt wurde, kann es recht effektiv sein, metasprachliche Phasen in die Unterrichtsinteraktion einzuplanen oder sie aber spontan, an Ort und Stelle, aufzugreifen.

Im nachfolgenden Beispiel (vgl. Quehl & Trapp 2013, 65), einer (soweit möglich) nach der Methode GAT 2 (vgl. Selting et al. 2009) retranskribierten Unterrichtssequenz (Sachunterricht) im dritten Schuljahr, ist eine Verlangsamung der Lehrer-Schüler-Interaktion zu beobachten: Der Lehrer hat sein Sprechtempo herabgesetzt, erkennbar an den Pausenzeichen. Inhaltlich geht es um das angemessene sprachliche Handeln von Forscherinnen und Forschern; die Schülerinnen und Schüler werden an die Notwendigkeit expliziteren Sprachgebrauchs erinnert. Wir erkennen hier also zugleich eine kurze metasprachliche Phase.

Szene 3: Lehrer (L) und Schüler (S1 – S5) sitzen im Kreis.

01 L: *und jetzt seid ihr als FORscher und forscherinnen zusammengekommen zu unsrer (-) forscherkonferen:z,*
02 *(2.0) ja was is denn (-) auf was muss man denn ACHten wenn man*
als forscher und forscherkonferenz (2.0) nun den anderen (-) forschern und forscherinnen erzählen will (-) von den versuchen;

03		(-) wodrauf muss man da ACHten;
04		(-) S1;
05	S1:	dass man ähm (1.0) laut und DEUTlich spricht;
06	L:	oKAY: (-) prima,
07		(-) S2,
08	S2:	damit man auch (1.0) guʻ richtich wie_n (-) richtich wie_n forschtan (-) forschan REdet.
09		(-) geNAU.
10	L:	was heißt das wie FORscher und forscherinnen richtich reden-
11		(1.0) [S3;]
12	S3:	[die] re[den;]
13	S4:	[ganz] genau erZÄH:len;
14	L:	hm:hm::?
15		(1.0) S5,
16	S5:	also DEUTlich erzählen;
17	L:	was HEIßT deutlich;
18		(2.0) was ist [DEUTlich;]
19	S5:	[das heißt] wir müssen das klar erZÄHLN;
20		zum beispiel NICH so wir legen das dings zum dings;

Transkriptionskonventionen nach GAT 2 (Selting et al. 2009), die für diesen und den folgenden Ausschnitt relevant sind:
Es gilt generell die Kleinschreibung.

FORscher	Fokusakzent
(-) / (--) / (---)	geschätzte Pause von 0,2-0,5 / 0,5-0,8 / 0,8-1,0 Sek. Dauer
(2.0)	gemessene Pause (hier 2.0 Sek. Dauer)
: / :: / :::	Dehnung um ca. 0,2-0,5 / 0,5-0,8 / 0,8-1,0 Sek.
?	hoch steigend
,	mittel steigend
-	Tonhöhenbewegung am Ende von Intonations- phrasen — gleichbleibend
;	mittel fallend
.	tief fallend
[ ]	Überlappungen und Simultansprechen
[ ]	
ʻ	Glottisverschluss
(heiner)	vermuteter Wortlaut
(land/lang)	mögliche Alternativen

Beim nachfolgenden authentischen Beispiel handelt es sich um einen Unterrichtsausschnitt aus dem Fach Geographie der Klasse 5. Die Lehrerin (L) fordert einen Schüler (S2) auf, einen Kompass zu beschreiben. Der Schüler ist Nicht-Muttersprachler und Seiteneinsteiger mit noch relativ geringen Deutschkenntnissen. S2 schaut an die Tafel.

```
040  S2:  (-) äh: der kompass hat ne: (--) geHÄU:se außen?
041       (-) und er hat INnen (-) die kompassnadel?
042       (-) wo: wo man ZEIGT (-) wie äh welche (land/lang)
043       man gehen kann,
044       (-) un:d-
045       ((einige Schüler lachen))
046  S?:  welche LAND man gehen kann-
047  L:   welches LAND sag mal genau in [welche:],
048  S?:                                [welche ] RICHtung;
049  S2:  in welche RICHtung;
050  L:   (-) okee?
051  S2:  [un:d- ]
052  S?:  [welche] HIMmelsrichtung;
053  L:   ja?
054  S2:  und die WINDrose (-) se' is-
055  L:   auf [der] WINDrose stehen-
056  S2:      [die]
057  S2:  stehn die: äh: (---) auch die: [(--)] richtungen
058  S?:                                 [ich-]
059  S2   die HIMmelsrichtungen?
060       (---) un:d (--) de:r [(--) na- ]
061  S?:                       [die NAdel],
062  S2:  die (-) n nad?
063  S?:  jonathan war ich SCHNELler;
064  S2:  die NAdel (-) äh zeigt wo man-
065  S?:  oh (heiner) REdet-
066  S?:  LASS [es- ]
067  S2:       [ähm:] (-) welche RICHtung man gehen [kann]?
068  L:                                            [in ]
069  L:   WELche richtung zeigt die na:del,
070  S?:  red SCHNEL[ler mann;]
071  S2:            [in NORden];
072  L:   okee; so.
```

Auch hier sehen wir eine Lehrperson, die dem Schüler ausreichend Zeit für seine Äußerung gibt, obwohl die Mitschüler ungeduldig werden (Segment 070). Sie unterstützt seinen mündlichen Vortrag, indem sie fehlerhafte Schüleräußerungen re-kodiert: Segment 46/47: „welche Land / welches Land"; Segment 54/55 „und die Windrose se' is / auf der Windrose stehen"; zu beobachten ist Re-Kodierung auch in der Schüler-Schüler-Kommunikation: vgl. Segmente 49 und 52.

In Segment 67-69 „welche Richtung man gehen kann / in welche Richtung zeigt die Nadel" stellt die Lehrerin eine weiterführende Frage und zeigt an dieser Stelle ein anderes Mittel des unterstützenden Berichtens.

In einer anderen Phase dieser Unterrichtsstunde verweist die Lehrerin eine Schülerin explizit auf die Wörter und Wendungen, die an der Tafel stehen: „Versuch bitte diese Wörter an der Tafel zu benutzen". Das heißt, sie erinnert die vortragende Schülerin an den geforderten Wortschatz und ermutigt die Schülerin zur Selbstverbesserung.

Übung 5.5

Analysieren Sie die folgende Sequenz aus dem Mathematikunterricht einer Hauptschulklasse. Beurteilen Sie das sprachliche Verhalten der Lehrkraft (L) (S1 – S3 sind Schülerinnen und Schüler).

```
01   L:    umfang heißt das
02         (-) genau
03         (1.0) wie lautet die seite a?
04         ((deutet auf ein Rechteck))
05   S1:   fünfzehn
06   L:    fünfzehn
07         wie lautet die seite b?
08   S1:   neun zentimeter
09   L:    ja
10         wie berechne ich den umfang?
11   S2:   plus machen
12   L:    alles plus machen
13         genau
14         wir haben hier einmal die seite
```

```
15      (-) eine zwei drei vier
16      ((zeigt auf die Seiten))
17  S3: achtundvierzig
18  L:  dann haben wir den umfang
19      das heißt einmal drumherum
20  S3: achtundvierzig
21  L:  genau
```

Exkurs 5: SIOP-Merkmale: Verständlicher Input

Lehrersprache entspricht dem Kompetenzniveau der Schülerinnen und Schüler
- Aussprache und Sprechtempo
- Komplexität der Sprache
- Paraphrasierung, Wiederholung
- Unterstützung durch Visualisierung
- [...]

Lernaufgaben werden klar und deutlich formuliert
- Klare Aufgabenformulierung
- Aufgabenformate einüben
- Aufgaben erklären
- Ein Beispiel vorgeben

Verschiedene Techniken werden angewendet, um Konzepte zu verdeutlichen
- Bewusster Einsatz von Gestik, Mimik, Körpersprache, Realia, Abbildungen
- Beispiele vorgeben (Abläufe, Aufgabe etc.)
- Vorbereitendes Material einsetzen
- Sprachliche Alternativen geben / erlauben
- Multimedia & weitere Technik einsetzen
- Salienz von Wörtern, Konzepten etc. erhöhen
- Satzstreifen einsetzen
- Input fokussieren (nicht zu viel auf einmal)
- Ablaufdiagramme, „graphic organizers" einsetzen
- [...]

(Nach: Echevarria, J. Vogt, M., Short, D. 2008)

Zusammenfassung

In diesem Kapitel haben wir versucht, einige Planungshilfen für einen fach- und sprachintegrierten Unterricht bereitzustellen. Dabei haben wir uns an bereits erprobten Modellen und Konzepten, vor allem dem Scaffolding-Modell von Gibbons und dem SIOP-Ansatz orientiert.

Für den Fachlehrer und die Fachlehrerin wird die Berücksichtigung (fach-)sprachlicher Gesichtspunkte zunächst vielleicht noch etwas ungewohnt sein, doch gehören Kenntnisse über die Fachsprache und die fachsprachlichen Praktiken des eigenen Schulfachs zum unentbehrlichen Professionswissen, dessen Vermittlung in der Lehrerausbildung bislang noch zu wenig berücksichtigt wird.

Ein sprachsensibler Fachunterricht kostet Anstrengung und Mühe. Er kann jedoch, das zeigen empirische Studien, zu tieferem Verstehen und letztlich besserem Schulerfolg beitragen.

Weiterführende Literatur

Becker-Mrotzek et al. (Hrsg.) 2013. Sprache im Fach: Sprachlichkeit und fachliches Lernen. Münster: Waxmann.

Gibbons, P., 2006. Bridging Discourses in the ESL Classroom. London/New York: Continuum.

Konkrete filmische Beispiele zur Unterrichtsinteraktion finden sich im Material von Beese et al. 2014 und Quehl & Trapp 2013.

Testfragen

1) Aus welchen Teilen besteht eine Bedarfsanalyse?
2) Welche Dimensionen sind beim Erwerb von Fachwörtern angesprochen?
3) Inwiefern kann ein an den Satzanfang gerücktes Akkusativobjekt eine Quelle für Missverständnisse darstellen?
4) Womit können uneingeleitete Bedingungssätze verwechselt werden?
5) Was versteht man im lexikalischen Bereich unter „falschen Freunden"?
6) Was ist mit „Sequenzierung" bezeichnet?
7) Was kann die Arbeit in Kleingruppen leisten?
8) Welche Vorteile haben Experimente zu Beginn einer Unterrichtseinheit?
9) Was bedeutet „Rekodierung"?
10) Was bedeutet „metasprachliche Reflexion"?

ANHANG

Lösungshinweise

Kapitel 1 | **Übung 1.1**
Orientieren Sie sich an den Beispielen des Kapitels 1.1 und übertragen Sie diese auf Ihren Bereich.

Übung 1.2
Es gibt zahlreiche Einführungen, Übersichtsdarstellungen, Wörterbücher und andere Nachschlagewerke zur Sprachwissenschaft und Sprachdidaktik, auch im Internet. Vgl. hierzu die Angaben zur Literatur am Ende des Kapitels. – Sie werden feststellen, dass die Angaben zu einzelnen Termini jeweils unterschiedlich ausfallen: Dieser Pluralismus kennzeichnet diese beiden Disziplinen und muss bei der Rezeption (dem Hören oder Lesen) entsprechender Texte berücksichtigt werden. Der souveräne Umgang mit einer solchen fachsprachlichen Pluralität gehört zu den allgemeinen Kompetenzen, die durch die Schule zu vermitteln sind.

Übung 1.3
Orientieren Sie sich an den Beispielen des Kapitels 1.2.

Übung 1.4
Die Sprachreflexion spielt in dem Modell in Abb. 1.4 neben der Kommunikationsförderung eine gleichberechtigte Rolle, bleibt aber auf den muttersprachlichen Unterricht beschränkt. Im Unterschied zum Modell in Abb. 1.3 wird hier ausdrücklich zwischen mutter- und fremdsprachlichem Unterricht (in Deutsch bzw. Englisch) unterschieden. – Das Modell in Abb. 1.3 setzt demgegenüber Sprachreflexion und Kommunikationsförderung sowie Sprach- und Fachunterricht als vier zentrale Faktoren des fachsprachenbezogenen Unterrichts an, die einander wechselseitig bedingen. Mutter- und fremdsprachlicher Unterricht werden dabei als Sprachunterricht zusammengefasst und gemeinsam dem Fachunterricht gegenübergestellt. Damit wird auch der Auffassung Ausdruck verliehen, dass das Englische als beruflicher und

akademischer Lingua franca eine große Bedeutung im Unterricht zukommt; vgl. Kap. 2.2.2.

Kapitel 2

Übung 2.1

Zu dieser Übung bieten wir Ihnen keine Lösung an.

Übung 2.2

Zu dieser Übung bieten wir Ihnen keine Lösung an.

Übung 2.3

Schulsprache, so wie von Feilke 2013 skizziert, hat eher unterstützenden Charakter; sie fördert die Entwicklung bildungssprachlicher Kompetenzen. Außerhalb von Schule hat sie keine Geltung. Für den Bildungserfolg ist sie also indirekt von Relevanz.

Übung 2.4

Der Terminus „konzeptionelle Schriftlichkeit" bezeichnet keine sprachliche Varietät, sondern einen sprachlichen Modus.

Kapitel 3

Übung 3.1

Auch beim Gebrauch eines Ärztejargons sind Differenzierung, Präzisierung, Ökonomie, Verständlichkeit und Identitätsstiftung im Kontext eines medizinischen Notfalles gegeben. Sie sind jedoch in starkem Maße abhängig von der konkreten Situation, welche den Gebrauch der etablierten Fachsprache mitbestimmt. Ein zusätzlicher Faktor besteht dabei sicher auch in der Bewältigung von erheblichem psychischen Stress, der stilistische Subjektivität und alltagsnahe Metaphorik begünstigt, um Objektivität und Anonymisierung im konkreten Sprachgebrauch zu begegnen.

Übung 3.2

1. Genetische Definition: Es wird angegeben, wie das zu bestimmende Definiendum der Linguistik durch sprachwissenschaftliche Methoden „ermittelt" wird.
2. Synonymische Definition: Der Terminus „Phonemik", der der angloamerikanischen Bezeichnung „phonemics" entspricht, wird durch die Angabe des in der europäischen Linguistik üblichen Ausdrucks „Phonologie" bestimmt.
3. Klassische bzw. aristotelische Definition, deren Definiens aus Genus proximum und Differentia specifica besteht (vgl. Abb. 3.18).

Ein Phonem	nennt man	die kleinste bedeutungsunterscheidende	Einheit der Sprache.
Definiendum	Definitor	Differentia specifica	Genus proximum
		Definiens	

Abb. 3.18 | Ein weiteres Beispiel für eine klassisch-aristotelische Definition

Die drei Definitionsarten sind auch für Nicht-Linguisten erkennbar. Dies zeigt, dass die Technik des Definierens (bis zu einem gewissen Grade) fachübergreifend gültig ist und somit zu einer fachübergreifenden, allgemeinen fachkommunikativen Kompetenz gehört.

Der Definitor in Abb. 3.1 lautet „ist", derjenige in Abb. 3.18 „nennt man". Die beiden Formulierungen weisen auf zwei weitere Definitionsarten hin: In der ersten Definition mit „ist" wird auf der Sachebene definiert; es handelt sich somit um eine sog. Realdefinition. In der zweiten Definition wird anhand von „nennt man" auf der Ebene sprachlichen Handelns definiert; daher liegt hier eine sog. Nominaldefinition vor.

Übung 3.3

1) Zu enge Definition: Die Definition wird nur auf „pflanzliche" Individuen bezogen, tierische Individuen bleiben also unberücksichtigt. Sie ist hiernach intensional zu reich gefasst, da zu viele Merkmale angegeben werden; extensional fällt sie somit zu eng aus, da hierdurch zu wenige Individuen erfasst werden.
2) Echte Negation: Die positive Angabe, was eine Population denn nun ist, fehlt; hiernach könnte es sich hier auch um geophysikalisches Phänomen, eine Operationsmethode oder ein wirtschaftswissenschaftliches Analyseverfahren handeln. Man weiß also nicht, worum es geht.
3) Zu weite Definition: Die Definition wird nicht allein auf Individuen bezogen, die „gleichzeitig", sondern überhaupt in einem Lebensraum anzutreffen sind. Daher ist die Definition intentional zu arm an Merkmalen, sodass durch sie zu viele Individuen erfasst werden.

Übung 3.4

Zur Lösung der Aufgabe orientieren Sie sich an den Abschnitten 3.2.1 bis 3.2.3. – Unter Umständen begegnen Ihnen dabei Wörter, die weder aus der Alltagssprache noch aus Ihrer Fachsprache stammen. Neben Wörtern aus anderen Fachsprachen sind dies oft Wörter, die so etwas wie einer fachübergreifenden Bildungssprache zuzuordnen sind (z.B. „Struktur", „ökonomisch" oder „evaluieren"). Dieser allgemeine Fachwortschatz ist ein wichtiger Gegenstand der Fachsprachendidaktik.

Übung 3.5

Logische Schlüsse folgen einer eigenen Methode, nach der sie richtig oder falsch sind (die drei gezogenen Schlüsse entsprechen jeweils dieser Methode und sind daher richtig). Die Wahrheit von Konklusionen hängt indessen von der Wahrheit ihrer Prämissen ab (die hier nicht in jedem Falle wahr, sondern zum Teil unwahr sind). – Logische Schlüsse müssen somit stets zum einen auf die Richtigkeit ihrer Durchführung und zum anderen auf die Wahrheit ihrer Prämissen hin überprüft werden.

Übung 3.6

AUTORENNAME, INITIALE DES VORNAMENS.   *Titel. Untertitel*
Erscheinungsjahr | Erscheinungsort(e): Verlag

Übung 3.7

1) Nennung des Agens durch Personalpronomen sowie Konjugationsformen der ersten Person Singular Präteritum Aktiv im Neben- und Hauptsatz.
2) Nennung des Agens durch unbestimmtes Personalpronomen sowie Konjugationsformen der dritten Person Singular Präsens Aktiv im Neben- und Hauptsatz.
3) Keine Nennung des Agens sowie Konjugationsformen des Präsens Passiv im Neben- sowie solche des Präsens Aktiv einer Reflexivbildung im Hauptsatz.
4) Hauptsatzkonstruktion ohne Nennung des Agens bei Substantivierung des Verbs [im Nebensatz oben] sowie Adjektivierung des Verbs bzw. Infinitivbildung [im Hauptsatz oben] unter Verwendung eines Hilfsverbs.

Übung 3.8

In sämtlichen Universitätsfächern sowie Handwerks- und Dienstleitungsberufen spielen neben der Verknüpfung und Neuordnung traditioneller Bereiche auch die sog. Neuen Medien eine bedeutende Rolle. Der souveräne Umgang mit dem World Wide Web oder Social Media stellt heute eine Schlüsselqualifikation dar, die sich nicht alleine auf fachliche, sondern auch auf sprachliche und kommunikative Aspekte bezieht.

Übung 3.9

Die wachsende Dynamik fachkommunikativer Bereiche (insbesondere wiederum im Hinblick auf Neue Medien) führt unter anderem auch dazu, dass eine sinnvolle Abgrenzung zwischen horizontalen und vertikalen Gliederungen kaum mehr möglich erscheint. Gerade im Lehrberuf zeigt sich eine enge Verflechtung unterschiedlicher fach- und alltagssprachlicher Bereiche, die eine hohe kommunikative Kompetenz und Flexibilität der Lehrenden erfordert.

Lösungshinweise zu den Übungen

Übung 3.10
Antrittsvorlesung: Aktualisierend (konfirmierend)
Banküberweisung: Regulierend (sanktionierend)
Brandordnung: Regulierend (sanktionierend)
Call for papers: Regulierend (aktualisierend)
Klappentext: Komprimierend (evaluierend)
Klassenpräsentation: Konfirmierend (komprimierend)
Konsiliarbericht: Aktualisierend (konfirmierend)
Kostenvoranschlag: Aktualisierend (regulierend)
Pflichtenheft: Regulierend (aktualisierend)
Promotionsgutachten: Evaluierend (komprimierend)
Straßenverkehrsordnung: Sanktionierend
Tagungsankündigung: Regulierend (aktualisierend)
Tagungsband: Aktualisierend (konfirmierend)

Kapitel 4

Übung 4.1
CLIL-LOTE-Programme haben zum Ziel, den Gebrauch weiterer (europäischer) Sprachen – außer Englisch – im Kontext von Fachunterricht und Fachkommunikation zu fördern.

Übung 4.2
Zu dieser Übung können wir Ihnen hier keine Lösung anbieten, da sie von Ihrem persönlichen Leseverhalten abhängt.

Übung 4.3
Sie haben sich möglicherweise überlegt, dass hier von der Vorstellung ausgegangen wird, dass sich Schülerinnen und Schüler insofern in einem geschützten Raum befinden, als auf ihre sprachlichen Defizite explizit Rücksicht genommen wird und ihre Sprachkompetenz bewusst im Einklang mit der Erarbeitung neuer fachlicher Inhalte erweitert wird.

Übung 4.4
Der Begriff des „Scaffolding" wird zuerst in der Erstspracherwerbsforschung verwendet. Wood, Bruner & Ross 1976 bezeichnen damit Sprachhandlungen und Interaktionsstrategien, die

Erwachsene typischerweise in der Kommunikation mit Kleinkindern einsetzen. Das Bild vom Baugerüst impliziert eine temporäre Unterstützung: Sobald das Kind eine (sprachliche) Handlung allein ausführen kann, wird das Gerüst entfernt. Bruners Konzept des „Scaffolding" ist vor dem Hintergrund von Wygotskis Theorie der „Zone der proximalen Entwicklung" zu sehen: Der kompetentere Partner (z.B. die Mutter, die Erzieherin) kann den weniger kompetenten Partner (Kind) durch sprachliche und nicht-sprachliche Handlungen darin unterstützen, seine kognitiven und sprachlichen Kompetenzen auf- und auszubauen.

Kapitel 5

Übung 5.1

Welche Arten von Texten kommen vor – kontinuierliche und/oder nicht-kontinuierliche Texte wie Grafiken, Tabellen etc.?
Die Schulbuchseite besteht aus einem zweispaltigen Instruktionstext, einem Aufgabenkasten, einer Grafik „Pflanzen im See" sowie drei Zeichnungen von verschiedenen Pflanzenblättern.
Welche Texte sollen (selektiv, detailliert oder überblicksartig) gelesen werden?
Der Instruktionstext sollte genau gelesen werden (detailliertes Lesen); inwieweit der Text im Aufgabenkasten („Versuche") gelesen werden soll, hängt davon ab, ob diese Versuche überhaupt durchgeführt oder durch andere ersetzt werden.
Wird eine neue Textsorte eingeführt – beispielsweise eine historische Quelle im Geschichtsunterricht, eine Versuchsbeschreibung im Fach Chemie?
Nein, es gibt keine neuen Textarten, die rezipiert werden sollen.
Enthalten die zu lesenden Texte strukturelle Hürden, wie fachspezifische Baupläne oder komplexe Verweisstrukturen?
Der Text beschreibt die Eigenschaften von Pflanzen in verschiedenen Bereichen. Zunächst ist von verschiedenen Bereichen die Rede, als erster Bereich wird der Rand explizit genannt, die anderen Bereiche folgen später und müssen auf den Einleitungssatz zurückbezogen werden, ohne dass das Wort Bereich noch einmal aufgegriffen wird, vgl. etwa *in größerer Tiefe*. Das könnte evtl. eine Rezeptionsschwierigkeit mit sich bringen. Eine komplexe Verweisstruktur findet sich bei *Pflanzen dieses Bereichs*: *dieses Bereichs* verweist auf *Rand*. Die Gesamtheit der Pflanzen dort aber nennt man *Röhricht*.

Das kausale Adverb *daher* (1. Spalte, 3. Absatz des Instruktionstextes) kann u.U. schwierig zu entschlüsseln sein, denn die Ursache / der Grund ist im vorangehenden Satz nicht explizit genannt, sondern muss implizit über die Phrase *mit Wachs überzogen* erschlossen werden.
Gibt es bestimmte grammatische Phänomene, die gehäuft auftreten, z.B. umfangreiche Nominalgruppen, Passivkonstruktionen?
Der Instruktionstext enthält einige komplexe Nominalgruppen, z.B. *lange, biegsame Stängel mit Luftkanälen im Innern*. Der Instruktionstext enthält viele Komposita (z.B. *Wasserstand, Luftkanal, Übergangsformen, Seerose, Schwimmblatt*).
Welcher (Fach-)Wortschatz wird vorausgesetzt bzw. neu eingeführt?
Der Instruktionstext enthält einige Fachtermini, die neu eingeführt werden und die durch Fettdruck markiert sind (z.B. *Röhricht, Schwimmblattpflanzen, Tauchpflanzen*). Sie werden im Text erläutert. Andere Begriffe, etwa „*gefiedert*", „*fein geschlitzt*" oder „*ganzrandige, runde (Schwimmblätter)*", die in diesem Zusammenhang ebenfalls neu eingeführt werden, werden nicht mit Fettdruck herausgehoben; zum Verständnis wird auf die Abbildungen verwiesen.
Einige Pflanzenbezeichnungen lassen sich nicht aus den einzelnen Komponenten des jeweiligen Kompositums erschließen, z.B. *Wasserhahnenfuß* oder *Wasserpest*. Während erstere Pflanze abgebildet ist, gilt dies für die letztere nicht. Zu Rezeptionsverzögerungen könnte es auch bei Wörtern wie *Luftraum* oder *Angriffsfläche* kommen, wenn die Schülerinnen und Schüler mit diesen Wörtern andere, aus dem Alltag stammende Konzepte verbinden.
Sollen Texte müssen geschrieben werden, und wenn ja, welche – Protokoll, Bericht, Tabelle?
Es sollen hier keine Texte geschrieben werden.
Welche kommunikativen Handlungen sollen die Lernenden darüber hinaus ausführen, z.B. Textinformationen in eine Tabelle überführen oder eine computergestützte Präsentation, einen freien Vortrag halten?
Die Schülerinnen und Schüler sollen Versuche durchführen (laut Aufgabenkasten), diese mündlich beschreiben und die beobachteten Phänomene erklären. In diesem Zusammenhang ist allerdings zu vermerken, dass die Textsorte „Versuch" hier nicht angemessen berücksichtigt ist; es fehlt beispielsweise eine Versuchsanordnung. Hier ist u.U. die Lehrperson gefordert, diese Lücke zu ergänzen.

LÖSUNGSHINWEISE ZU DEN ÜBUNGEN

Übung 5.2 Lernerdaten

Name: Schüler_in 1	Klasse / Fach: 5 Biologie
Thema:	*Pflanzenbeschreibung*
Fachwortschatz	Einzelne Fachwörter werden verwendet; ca. 2/3 der neu eingeführten Wörter kommt nicht vor.
Leseverstehen	--
Hörverstehen	--
Sprechen / Interaktion	--
Schreiben	Explizite Trennung zwischen „Beschreibung" und „Text"; Sätze sind parataktisch angeordnet; keine merkmalsreichen Verben (vorwiegend *haben* und *sein*). Text ist relativ kurz.
Sonstige Bemerkungen:	

Name: Schüler_in 2	Klasse / Fach: 5 Biologie
Thema:	*Pflanzenbeschreibung*
Fachwortschatz	Verwendet viele Fachwörter angemessen
Leseverstehen	--
Hörverstehen	Hat evtl. *Kelchblätter* nicht korrekt dekodiert („Keichblätter")
Sprechen / Interaktion	--
Schreiben	Parataktische Anordnung der Sätze; wenige merkmalsreiche Verben; ansatzweise Verwendung von Kohäsionsmitteln (*daher*); bei Verweisketten aber eher Rekurrenz (Wiederholung von die *Blüte*); Bemühen um längeren Text, der alles Beobachtete („von oben nach unten") erfasst.
Sonstige Bemerkungen:	Reflektiert Vorgehensweise bei Pflanzenbeschreibung „von oben nach unten"

Übung 5.3

Fachliches Ziel: Die Pflanzen in den verschiedenen Bereichen des Gewässers unterscheiden können.
Sprachliches Ziel: Die Eigenschaften von Pflanzen und Pflanzenteilen nennen und dabei die korrekten Fachtermini verwenden können.

LÖSUNGSHINWEISE ZU DEN ÜBUNGEN

Übung 5.4 Überleben im Wasser anhand Planungsraster

Zeit	Phase	Unterrichtsverlauf					Arbeitsformen-, methoden und mittel
		Inhalt		Sprache			
		Darstellungsform	Lernaufgaben			Register	
20 Min.	Einstieg: Aufbau von Erfahrungswissen	vom Konkreten	Schüler_innen untersuchen verschiedene Wasserpflanzen Beobachtungsaufgabe: verschiedene Blattformen unterscheiden; Schüler_innen fertigen Skizzen an	Schüler_innen beschreiben die unterschiedlichen Blattformen und verwenden ihre Alltagssprache		vom Alltagssprachlichen	Kleingruppen- oder Partnerarbeit; verschiedene Wasserpflanzen; Gruppen untersuchen verschiedene Pflanzen; A3-Papier, Stifte
10 Min.	Präsentation der Ergebnisse		Schüler_innen präsentieren ihre Skizzen, evtl. auch die Originalpflanzen	Schüler_innen erläutern die unterschiedlichen Blattformen; Lehrer/in führt die jeweiligen Fachbegriffe ein;		über mode continuum	Plenum; Fachbegriffe auf vorbereiteten Kärtchen werden an die entsprechenden Skizzen der Schüler_innen geheftet
15 Min.	Ergebnissicherung	zum Abstrakten	Schüler_innen erarbeiten Definitionen zu Blattformen Schüler_innen tragen ihre Ergebnisse vor	Schüler_innen tragen die entsprechenden Fachtermini in einen Lückentext ein.		zum konzeptionell Schriftlichen	Einzel- oder Partnerarbeit Lückentext mit Definitionen der einzelnen Blattformen, in dem die Fachtermini fehlen. Plenum: Sammlung und Besprechung der Ergebnisse am Overhead-Projektor.

Übung 5.5

Hauptmerkmal der Lehrer-Beiträge ist, dass die mathematische Fachsprache auf ein Minimum (Verwendung der Termini *Umfang* in Segment 01, 10 und 18 sowie *Seite* in Segment 03, 07, 14) reduziert ist; die Lehrkraft verwendet sogar Kollokationen *wie lautet die Seite b?* (Segment 07) *alles plus machen* (Segment 12), die im Deutschen gar nicht vorkommen. Damit agiert sie nicht als sprachliches Vorbild – ganz im Gegenteil. Aus der Interaktion wird deutlich, dass die Schülerinnen und Schüler dieser Vorbereitungsklasse über das mathematische Konzept „Umfang" verfügen, aber dieses noch nicht vollständig auf Deutsch ausdrücken können (vgl. Segmente 11, 17, 20). Die Lehrperson erweist sich hier als nicht hilfreich, sie wiederholt den nicht zielsprachenkonformen Ausdruck von S2 (vgl. Segmente 11, 12) statt hier zu reformulieren und das Verb *addieren* einzuführen.

Lösungshinweise zu den Testfragen

Kapitel 1

1) In der Sprache des Alltags erscheinen zunehmend Texte und Wörter aus verschiedenen Wissenschaften (zum Beispiel Medizin, Meteorologie oder Psychologie), technischen Bereichen (etwa Kraftfahrzeugtechnik, Elektronische Datenverarbeitung oder Energie- und Feuerungstechnik) und Institutionen (beispielsweise Bildungswesen, Rechtswesen oder Verwaltung).

2) Die fachsprachliche Dezentralisierung zeigt sich in zahlreichen Texten, die nicht im eigentlichen Zentrum der spezialisierten Tätigkeit stehen (etwa aus der Elektronischen Datenverarbeitung, der Verwaltung oder der Werbung). Ihre Differenzierung besteht in einer zunehmenden Spezialisierung einzelner Fächer, welche eine weitere Unterteilung bestehender Fächer erforderlich macht. Die Dynamik von Fachkommunikation ist schließlich deren immer raschere Veränderung angesichts der oft rasanten Entwicklung innerhalb der betreffenden Fächer selbst.

3) Charakteristika auf der Ebene des Wortschatzes: Definitionen (Bedeutungsfestlegungen), relative Exaktheit und Eindeutigkeit, Metaphorik, Entlehnungen. Grammatik: Erhöhte Ausschöpfung von Wortbildungsmöglichkeiten und Verwendung grammatischer Formen sowie Selektion syntaktischer Konstruktionen. Text: Standardisierung von Textbauplänen, erhöhte Ausschöpfung von Kohäsionsmitteln. Weitere Merkmale: Abbildungen und Tabellen, Symbole und Formeln, typographische Konventionen.

4) Die pragmatische Kompetenz besteht im Wesentlichen darin, von formalen und funktionalen Charakteristika hinsichtlich der kommunikativen Situation und der dabei eingesetzten Medien angemessen Gebrauch zu machen, und die kognitive Kompetenz darin, formale und funktionale Charakteristika hinsichtlich der Darstellung von Gegenständen und Sachverhalten sowie in Bezug auf die kommunikative Absicht gezielt einzusetzen; hinzu kommt die ethische Kompetenz zu einem persönlich kooperativen und sozial verantwortungsvollen fachkommunikativen Handeln.

5) Sowohl die Bildungsstandards der verschiedenen Schularten für das Fach Deutsch als auch diejenigen für die Fächer Physik,

Technik oder entsprechende Fächerverbünde treffen lediglich eine Auswahl an zu erwerbenden Kenntnissen und Kompetenzen bei weitgehendem Fehlen eines spiralcurriculären Ansatzes (Heterogenität bzw. Selektivität). Die Kenntnisse und Fähigkeiten auf verschiedenen sprachlichen Ebenen sowie die Kompetenzen in Produktion und Rezeption werden teils zu allgemein (Pauschalität), teils zu detailliert (Selektivität) angegeben. Pragmatische, kognitive und ethische Aspekte spielen kaum eine Rolle.

6) Sach- und Sprachunterricht haben einander im Rahmen der Förderung fachsprachlicher Kenntnisse und fachkommunikativer Kompetenzen zu ergänzen und zu unterstützen: So werden im Sprachunterricht (insbesondere der Fächer Deutsch und Englisch) allgemeine und im Sachunterricht (der natur- wie der geistes- und sozialwissenschaftlichen Fächer) spezielle Kenntnisse und Kompetenzen vermittelt. Entscheidend dabei ist, dass die Schülerinnen und Schüler auf die zunehmende Dezentralisierung, Differenzierung und Dynamisierung von Fachkommunikation in Alltag, Ausbildung und Beruf vorbereitet werden.

7) Auch fachliche Sprachreflexion und fachliche Kommunikationsförderung unterstützen einander: Reflexion von Fachsprache sollte anhand konkreter sprachlicher Erfahrung erfolgen. Und umgekehrt kann Sprachreflexion die Ausbildung einer allgemeinen wie speziellen fachkommunikativen Kompetenz unterstützen (vgl. Frage 6).

8) Die Förderung von rezeptiven fachkommunikativen Kompetenzen sollte insbesondere die Übung diverser Texterschließungsmodelle und Lesestrategien umfassen; hinsichtlich der Förderung produktiver (neben rezeptiver) Kompetenz erscheint insbesondere das Konzept des sog. Scaffolding tragfähig. Die Reflexion von Fachsprachen und Fachkommunikation hat die funktionalen Anforderungen fachlicher Kommunikation zum Ausgangspunkt und von hier die formalen Merkmale in den Blick zu nehmen. Nach aktuellem Stand der Sprachdidaktik sind ein hoher Grad an Autonomisierung und Individualisierung des Lernprozesses anzustreben. Blended learning mit einem hohen Selbstlernanteil (etwa als computer assisted language learning) erhöhen die Motivation. Angesichts des Deutschen als Fremd- oder als Zweitspra-

che kommen Konzepte und Modelle wie Immersion, bilingualer Sach/Fachunterricht oder Content and Language Integrated Learning zum Tragen.

| Kapitel 2 | 1) Z.B. differenziertere Lexik, komplexere Satz- und Phrasenstrukturen; sprachliche Handlungen wie Erklären, Beschreiben, Argumentieren, bestimmte Diskurs- und Textstrukturen.

2) Habermas sieht Bildungssprache als Mittler zwischen Alltagssprache und Fachsprache; außerdem weist er ihr epistemische Funktion zu. Morek und Heller unterscheiden eine kommunikative, eine epistemische und eine sozialsymbolische Funktion von Bildungssprache.

3) Kommunikative F.: Medium zum Transfer von Wissen; epistemische F.: Werkzeug des Denkens; sozialsymbolische Funktion: Eintrittskarte zur gesellschaftlichen Teilhabe & soziale Positionierung (Identitätsstiftung, Gruppenzuordnung).

4) Bildungssprache ist in Sprechsituationen und sprachliches Handeln eingebunden – daher ist es gerechtfertigt, von bildungssprachlichen Praktiken zu sprechen.

5) Schulsprache hat nur innerhalb von Schule Geltung.

6) BICS und CALP bezeichnen Lerner-Kompetenzen; Fachsprache und Bildungssprache bezeichnen sprachliche Varietäten.

7) Maß der Kontexteinbettung und Grad des kognitiven Aufwandes.

8) Die Kontexteinbettung erleichtert das Verstehen.

9) Differenzierung statt Diskriminierung von Fachsprachen, Aufdeckung von sprachlichem Missbrauch bei fachlicher Kommunikation, Überwindung von sprachlichen Barrieren bei fachlicher Kommunikation.

10) „Bildungssprache": Vermittlung zwischen Sprache im Alltag und Sprache im Fach; „Schulsprache": Hinführung zu Bildungs- und Fachsprache; CALP: Bewältigung konzeptionell unterschiedlicher Bereiche (fachlicher) Kommunikation; „Allgemeine Fachsprachenkompetenz": Überwindung fachsprachlicher Barrieren im Alltag sowie Bewältigung sprachlicher Dezentralisierung, Differenzierung und Dynamisierung in der fachlichen Kommunikation.

LÖSUNGSHINWEISE ZU DEN TESTFRAGEN

Kapitel 3
1) Präzision ist die Genauigkeit der Bedeutung eines einzelnen Ausdrucks (es herrscht ein klarer und deutlicher Bezug zum bezeichneten Gegenstand oder Sachverhalt). Differenzierung heißt Detailreichtum eines bestimmten Wortschatzausschnitts (der entsprechende Bereich an Gegenständen und Sachverhalten wird verhältnismäßig reich an Details bezeichnet; etwa Schraubenarten im Schreinerhandwerk). Ökonomie besteht entweder in der Effizienz des kommunikativen Aufwands bei gleich bleibendem Ergebnis (Ausdruckskürze) oder in der Effizienz des kommunikativen Ergebnisses bei gleich bleibendem Aufwand. Anonymisierung heißt Vermeidung der Nennung eines handelnden Subjekts (Agens).
2) Die klassische oder aristotelische Definition besteht aus dem Definiendum als dem zu Definierenden, dem Definitor als dem Bindeglied sowie dem Definiens als dem Definierenden (aus Genus proximum bzw. Gattungsbegriff und Differentia specifica bzw. artunterscheidenden Merkmalen).
3) Eine synonymische Definition erfolgt durch Angabe von bedeutungsgleichen Wörtern, eine exemplarische Definition durch Nennung von möglichst typischen Beispielen und eine genetische Definition durch die Angabe, wie das zu Definierende hergestellt oder ermittelt wird.
4) Fehlerhafte Definitionen sind eine zu enge bzw. eine zu weite Definition sowie die echte Verneinung.
5) Lateinische Entlehnungsperioden sind die Zeit der Römischen Besatzung, die Christianisierung, Humanismus und Renaissance sowie die Internationalisierung (Moderne). Entlehnungsperioden aus dem Französischen sind die Höfische Zeit sowie die Alamode Zeit und die darauf folgende Französische Revolution.
6) Durch Metaphern entstehen auf der Basis bekannter Bedeutungen neue Bedeutungen, die auf neue fachliche Inhalte bezogen werden können.
7) Während in gesprochener Sprache ein Bezug zur Redesituation gegeben ist und Nachfragen möglich sind, fehlt dieser Bezug in geschriebenen Texten und Nachfragen sind nicht möglich. Fachtexte sind zum einen wegen ihrer Situationsentbundenheit (Kontextunabhängigkeit) und zum anderen hinsichtlich ihrer Differenziertheit und Präzision auf eine wesentlich stärkere Herstellung von Textzusammenhang (Kohärenz

und Kohäsion) durch Konjunktionen und andere Verknüpfungsverfahren angewiesen.

8) Unter einer Thema/Rhema-Gliederung verstehen wir eine Verkettung von bekannten und unbekannten Textelementen. Dabei entstehen Ketten, indem nach Einführung eines ersten Textelements bereits bekannten Textelementen neue, unbekannte Textelemente beigefügt werden, die dann ihrerseits als bekannte Elemente wiederum weitere unbekannte Elemente auf sich ziehen, usw.

9) Bei minimalem Aufwand und maximalem Ergebnis würde durch annähernd nichts fast alles gesagt; dies widerspricht dem Streben nach Präzision und Differenzierung fachlicher Kommunikation.

10) Ein Textbauplan ist die (mehr oder weniger verbindlich festgelegte) Grobstruktur (Makrostruktur) eines Textes. Sie ermöglicht es, die einzelnen Teile unkommentiert zu verwenden und trägt so zur Ausdrucksökonomie und Verständlichkeit des Textganzen bei.

11) Durch Anonymisierung und Objektivierung von Fachtexten soll das erkennende und handelnde Subjekt (das Agens) aus der Kommunikation ausgeblendet und so die Allgemeingültigkeit bzw. Allgemeinverbindlichkeit des Gesagten unterstrichen werden. Verfahren im Deutschen sind unter anderem Bevorzugung der 3. Person und unpersönlicher Pronomina, Präsens- und Passiv- oder Reflexivkonstruktionen sowie Substantivierungen unter Verwendung von Funktionsverbgefügen.

12) Fachsprachen werden horizontal nach einzelnen Fächern und Fachbereichen gegliedert (etwa in Wissenschaft, Technik und Institutionen oder nach verschiedenen wirtschaftlichen Sektoren wie Agrarsektor, industrieller Sektor, Dienstleistungssektor oder Sektor der Informationsverarbeitung); die vertikale Gliederung erfolgt nach kommunikativen Ebenen (zum Beispiel: Experten eines Faches auf eher abstrakter und eher konkreter Ebene, Experten verschiedener Fächer, Experten und Laien). Hinzu kommt die Gliederung nach Fachtextsorten (aktualisierend, konfirmierend, sanktionierend, regulierend, komprimierend und evaluierend).

13) Die Darstellungsfunktion bezieht sich auf Gegenstände und Sachverhalte der Wirklichkeit (Symbolfunktion). Die Appell-

funktion richtet sich an den Hörer und Leser und drückt eine Aufforderung aus (und sei es auch nur die, das Gesagte wahrzunehmen und zu verstehen). Und die Ausdrucksfunktion besteht darin, dass der Sprecher oder Schreiber durch den Gebrauch des Zeichens etwas von sich selbst zu erkennen gibt (Symptomfunktion). Innerhalb fachsprachlicher Kommunikation sind insbesondere die Darstellungs- und die Appellfunktion von Bedeutung.

Kapitel 4
1) Merkmale von CLIL-Programmen: Fremdsprachenprogramme; Beginn nach Erwerb literater Kompetenzen in der L1; CLIL-Lehrkräfte sind Fachlehrkräfte mit Zusatzausbildung; CLIL-Unterricht ist ausgewiesen als Fach-Unterricht.
2) Es gibt: bilinguale Bildungsgänge; bilingualen Unterricht, Fremdsprachen als Arbeitssprachen (vgl. Helbig 2003).
3) Ziel des DFU ist die erfolgreiche Vermittlung von Fachinhalten.
4) SIOP richtet sich vorwiegend an Zweitsprachenlernende im Regelunterricht.
5) Makro-Scaffolding umfasst Material- / Bedarfsanalyse, Lernstandsanalyse und Unterrichtsplanung.

Kapitel 5
1) Aus einer Materialanalyse und einer Lernstandserfassung.
2) Erwerb des Wortes in seiner Lautstruktur und seinen grammatischen Merkmalen und der Erwerb des entsprechenden Konzeptes.
3) Wenn Lernende das "First Noun Principle" anwenden, interpretieren sie das Akkusativobjekt, insbesondere wenn es keine offensichtlichen Kasusmarkierungen trägt, als das Subjekt des Satzes.
4) Mit Aufforderungssätzen/Imperativen und Entscheidungsfragen.
5) Das sind homonyme/homophone Wörter, die in Alltagssprache und Fachsprache unterschiedliche Bedeutungen haben und daher nicht von der Alltagssprache auf die Fachsprache übertragen werden können.
6) „Sequenzierung" bedeutet Planung des Ablaufs nach einem bestimmten Ordnungsprinzip.

7) Die Arbeit in Kleingruppen kann, über fachliche Interaktion, zum (Vor-)Verständnis eines neuen Gegenstandsbereichs beitragen. Über Interaktion in der Kleingruppe wird der Spracherwerb gefördert.
8) Experimente zu Beginn einer Unterrichtseinheit können zum Aufbau eines ersten fachlichen Konzepts beitragen und so den Verstehensprozess in späteren Phasen vorbereiten.
9) „Re-Kodierung": Wiederholung einer Äußerung in einer angemesseneren (korrekteren oder fachsprachlicheren) Form.
10) „Metasprachliche Reflexion" bedeutet ‚Nachdenken über Sprache'.

Literaturverzeichnis

Literaturverzeichnis

A

AGEL, C. BEESE, M., KRÄMER, S.
Ein erfolgreiches Konzept naturwissenschaftlicher Sprachförderung – Ergebnisse einer empirischen Studie an der Gesamtschule Walsum
2011 | Der mathematische und naturwissenschaftliche Unterricht, 65.1, 36-43

ARNTZ, R, PICHT, H., MAYER, F.
Einführung in die Terminologiearbeit
6. verbesserte Auflage
2009 | Hildesheim, Zürich, New York: Georg Olms

ARZNEIMITTELGESETZ
Arzneimittelgesetz in der Fassung der Bekanntmachung vom 12. Dezember 2005 (BGBl. I S. 3394), das durch Artikel 3 des Gesetzes vom 17. Dezember 2014 (BGBl. I S. 2222) geändert worden ist (http://www.gesetze-im-internet.de/bundesrecht/amg_1976/gesamt.pdf; gesehen am 22.06.2015)

AUER, P. (HG.)
Sprachwissenschaft. Grammatik – Interaktion – Kognition
2013 | Stuttgart: Metzler

B

BAYER, K.
Argument und Argumentation. Logische Grundlagen der Argumentationsanalyse
2., überarbeitete Auflage
2007 | Göttingen: Vandenhoeck & Ruprecht

BECKERMANN, A.
Einführung in die Logik
3. Auflage
2011 | Berlin, New York: Walter de Gruyter

BEESE, M. ET AL.
Sprachbildung in allen Fächern
2014 | München: Klett-Langenscheidt

BEESE, M. & BENHOLZ, C.
Sprachförderung im Fachunterricht
In: Röhner, Ch./Hövelbrinks, B. (Hrsg.). Fachbezogene Sprachförderung in Deutsch als Zweitsprache.
2013 | Weinheim, Basel: Beltz Juventa, 37-56

BERUFSAUSBILDUNGSVERORDNUNG
Verordnung über die Berufsausbildung zum Kraftfahrzeugmechatroniker/zur Kraftfahrzeugmechatronikerin
2007 | Bundesgesetzblatt, Teil I, Nr. 33

(http://www.kfztech.de/Unterricht/downloads/avo_kfz.pdf; gesehen am 22.06.2015) 2013 | Bundesgesetzblatt, Teil I, Nr. 29 (http://www2.bibb.de/tools/aab/ao/kraftfahrzeugmechatroniker2013.pdf; gesehen am 22.06.2015)

BERUFSBILDUNGSBERICHT
Berufsbildungsbericht 2006
2006 | Bonn, Berlin: Bundesministerium für Bildung und Forschung (BMBF)

BIBER, D.
Variation across speech and writing
1988| Oxford: OUP

BILDUNGSBERICHT 2012
Bildung in Deutschland 2012. Ein indikatorengestützter Bericht mit einer Analyse zur kulturellen Bildung im Lebenslauf
2012 | Bonn, Berlin: Bundesministerium für Bildung und Forschung (BMBF)

BROCKHAUS
Der Große Brockhaus in einem Band
2002 | Mannheim: Brockhaus

BÜHLER, K.
Sprachtheorie. Die Darstellungsfunktion der Sprache
1934/1982 | Stuttgart, New York: Gustav Fischer

BUHLMANN, R., FEARNS, A.
Handbuch des Fachsprachenunterrichts. Unter besonderer Berücksichtigung naturwissenschaftlich-technischer Fachsprachen
6., überarb. und erw. Aufl.
2000 | Tübingen: Narr

BUSCH, A., STENSCHKE, O.
Germanistische Linguistik. Eine Einführung
2., durchgesehene und korrigierte Auflage
2008 | Tübingen: Narr

C

CENTER FOR APPLIED LINGUISTICS
Academic Literacy through Sheltered Instruction for Secondary English Language Learners. Final Report to the Carnegie Corporation of New York
2007| Washington, DC: Center for Applied Linguistics

CUMMINS, J. *The role of primary language development in promoting educational success for language minority students*
1981 | In: Schooling and language minority students: A theoretical framework. Los Angeles: Evaluation, Dissemination, and Assessment Center, California, State University, Los Angeles, 3–49

CUMMINS, J. *BICS and CALP: Empirical and Theoretical Status of the Distinction*
2008 | In: Street, B. & Hornberger, N. H. (Hg.) Encyclopedia of Language and Education, 2nd Edition, Volume 2: Literacy. New York: Springer Science + Business Media LLC., 71–83

CZICZA, D., HENNIG, M. *Zur Pragmatik und Grammatik der Wissenschaftskommunikation. Ein Modellierungsvorschlag*
2011 | Fachsprache 33, 36–60

CZICZA, D., HENNIG, M., EMMRICH, V., NIEMANN, R. *Zur Verortung von Texten zwischen den Polen maximaler und minimaler Wissenschaftlichkeit. Ein Operationalisierungsvorschlag*
2012 | Fachsprache 35, 2–44

D

DALTON-PUFFER, CH., SMIT, U. *Content and Language Integrated Learning: A research agenda*
2013| Language Teaching 46.4, 545–559

DESI-KONSORTIUM *Unterricht und Kompetenzerwerb in Deutsch und Englisch. Zentrale Befunde der Studie Deutsch Englisch Schülerleistungen International (DESI)*
2006 | Frankfurt/M.: Deutsches Institut für Internationale Pädagogische Forschung

DEUTSCHE GESELLSCHAFT FÜR GEOGRAPHIE *Bildungsstandards im Fach Geographie für den Mittleren Schulabschluss*
2008 | Berlin

E

ECHEVARRIA, J., SHORT, D., & POWERS, K. *School reform and standards-based education: An instructional model for English language learners*
2006 | Journal of Educational Research 99.4, 195–210

ECHEVARRIA, J., VOGT, M.E., SHORT, D.
Making Content Comprehensible for English Learners: The SIOP Model
2008 | Boston, MA: Allyn & Bacon

EDWARDS, D., MERCER, N.
The Guided Construction of Knowledge
1987 | London, New York: Routledge

EISENBERG, P.
Das Fremdwort im Deutschen
2., überarbeitete Auflage
2012 | Berlin, New York: Walter de Gruyter

F

FEARNS, A., BUHLMANN, R.
Technisches Deutsch in Ausbildung und Beruf. Lehr- und Arbeitsbuch
2013 | Haan-Gruiten: Europa-Lehrmittel

FEILKE, H.
Bildungssprachliche Kompetenzen – fördern und entwickeln
2012| Praxis Deutsch 233/2012, 5–13

FEILKE, H.
Bildungssprache und Schulsprache
2013 | In: Becker-Mrotzek, Michael et al. (Hrsg.) Sprache im Fach. Münster: Waxmann, 113–130

FLUCK, H. R.
Didaktik der Fachsprachen. Aufgaben und Arbeitsfelder, Konzepte und Perspektiven im Sprachbereich Deutsch
1992 | Tübingen: Narr

FLUCK, H. R.
Fachsprachen. Einführung und Bibliographie
5., überarbeitete und erweiterte Auflage
1996 | Tübingen, Basel: Francke

FLUCK, H. R.
Fachsprachen: Zur Funktion, Verwendung und Beschreibung eines wichtigen Kommunikationsmittels in unserer Gesellschaft
2000 | In: Eichhoff-Cyrus, K. M., Hoberg, R. (Hg.), Die deutsche Sprache zur Jahrtausendwende. Sprachkultur oder Sprachverfall? Mannheim [et al.]: Duden, 89–106

FLUCK, H.R.
Bedarf, Ziele und Gegenstände fachsprachlicher Ausbildung
In: Hoffmann, L. et al. (Hrsg.). Fachsprachen: Ein internationales Handbuch zur Fachsprachenforschung und Terminologiewissenschaft.
1998 | Berlin, New York: Walter de Gruyter, 944-953

FREEDLE, R./   *Does the Text Matter in a Multiple-Choice Test of Comprehension?*
KOSTIN, I.   *The Case for the Construct Validity of TOEFL's Minitalks*
1999 | Language Testing 16/1, 2-32

G

GESCHICHTE UND   *Geschichte und Geschehen. Sekundarstufe I (Gymnasium), Band 1.*
GESCHEHEN 1   *Bearb. von W. Abelein [et al.]*
2004 | Stuttgart, Leipzig, Düsseldorf: Klett

GESCHICHTE UND   *Geschichte und Geschehen. Sekundarstufe I (Gymnasium), Band*
GESCHEHEN 4   *4. Bearb. von D. Bender [et al.]*
2006 | Stuttgart, Leipzig: Klett

GIBBONS, P.   *Scaffolding Language, Scaffolding Learning. Teaching Second Language Learners in the Mainstream Classroom*
2002 | Portsmouth, NH: Heinemann

GIBBONS, P.   *Bridging Discourses in the ESL-Classroom*
2006 | London: Continuum

GIBBONS, P.   *Unterrichtsgespräche und das Erlernen neuer Register in der Zweitsprache*
2006 | In: Mecheril, P., Quehl, Th. (Hgg), S. 269–290

GIBBONS, P.   *English Learners, Academic Literacy, and Thinking*
2009 | Portsmouth, NH: Heinemann

GIBBONS, P.   *Learning Academic Registers in Context*
2010 | In: Benholz, C., Kniffka, G., Winters-Ohle, E. (Hgg.). Fachliche und sprachliche Förderung von Schülern mit Migrationsgeschichte. Münster: Waxmann, 25–37

GLÜCK, H.   *Deutsch als Fremdsprache in Europa vom Mittelalter bis zur Barockzeit*
2002 | Berlin, New York: de Gruyter

GLÜCK, H.   *Deutsch lernen in den polnischen Ländern vom 15. Jahrhundert bis 1918: eine teilkommentierte Bibliographie. (Broschüre)*
2004 | Bamberg

GOGOLIN, I. *Bilingualität und die Bildungssprache in der Schule*
2006 | In: Mecheril, P. & Quehl, Th. (Hrsg.) Die Macht der Sprachen. Münster: Waxmann, 79–85

GOGOLIN, I., *Herausforderung Bildungssprache – und wie man sie meistert*
LANGE, I., MICHEL, U., 2013| Münster: Waxmann
REICH, H. H. (HRSG.)

GÖPFERICH, S. *Textsorten in Naturwissenschaften und Technik. Pragmatische Typologie – Kontrastierung – Translation*
1995 | Tübingen: Narr

GRAMMIS *Grammis 2.0. Das grammatische Informationssystem des Instituts für deutsche Sprache in Mannheim (IDS)*
http://hypermedia.ids-mannheim.de/

H

HAATAJA, K. *Content and Language Integrated Learning*
2010 | Barkowski, H. & Krumm, H.J. (Hrsg.) 2010. Fachlexikon Deutsch als Fremd- und Zweitsprache. Tübingen: A. Francke., 38

HAATAJA, K. *Content and Language Integrated Learning (in German) CLIL(iG) – Integriertes Sprachen- und Fachlernen (auf Deutsch)*
2013| Zeitschrift für Interkulturellen Fremdsprachenunterricht 18.2, 114. Abrufbar unter http://zif.spz.tu-darmstadt.de/jg-18-2/beitrag/Haataja.pdf

HABERMAS, J. *Umgangssprache, Wissenschaftssprache, Bildungssprache*
1977 | In: Jahrbuch der Max-Planck-Gesellschaft zur Förderung der Wissenschaften, 36–51

HAHN, W. v. *Fachkommunikation. Entwicklung, linguistische Konzepte, betriebliche Beispiele*
1983 | Berlin, New York: de Gruyter

HALLIDAY, M. A. K. *Spoken and Written Language.*
1988 | Oxford: OUP

HALLIDAY, M. A. K. *The Notion of ‚Context' in Language Education*
1991 | The collected works of M.A.K. Halliday, vol. 9, Language and Education. Ed. by J.J. Webster. London: Continuum, 269–290

HALLIDAY, M. A.K. *An Introduction to Functional Grammar*
1994 | London: Arnold.

HAMMOND, J. / GIBBONS, P. *Putting scaffolding to work: The contribution of scaffolding in articulating ESL education*
2005 | Prospect Vol. 20, No. 1 April 2005, 6–30

HATTIE, J. *Visible Learning*
2009 | London, New York: Routledge

HELBIG, B. *Lehren und Lernen in bilingualen Bildungsgängen: Fremdsprachen als Arbeitssprachen*
2003 | In: Bausch, K. Christ, H., Krumm, H.-J. (Hrsg.) Handbuch Fremdsprachenunterricht. Tübingen: Francke, 179-186

HELMKE, A.. *Was wissen wir über guten Unterricht?*
2006 | Pädagogik, 2, 42-45

HENNIG, M., NIEMANN, R. *Unpersönliches Schreiben in der Wissenschaft: eine Bestandsaufnahme*
2013 | Informationen Deutsch als Fremdsprache 40, 439–455

HOBERG, R. *Methoden im fachbezogenen Muttersprachenunterricht*
1998 | Hoffmann/Kalverkämper/Wiegand 1998, 954–960

HOFFMANN, L. *Kommunikationsmittel Fachsprache. Eine Einführung*
2., völlig neu bearbeitete Auflage
1976/1985 | Tübingen: Narr

HOFFMANN, L., KALVERKÄMPER, H., WIEGAND, H. E. (Hg.) *Fachsprachen / Languages for Special Purposes. Ein internationales Handbuch zur Fachsprachenforschung und Terminologiewissenschaft / [...].*
2 Halbbände
1998-99 | Berlin, New York: Walter de Gruyter

HUNEKE, H.-W., STEINIG, W. *Deutsch als Fremdsprache. Eine Einführung*
6., neu bearbeitete und erweiterte Auflage
2013 | Berlin: Erich Schmidt

HUTCHINSON, T., *English for Specific Purposes. A learning-centred approach*
WATERS, A.   1987/2009 | Cambridge: Cambridge University Press

I

ISCHREYT, H.   *Studien zum Verhältnis von Sprache und Technik*
                1965 | Düsseldorf: Schwann

J

JAKOB, K.   *Maschine, Mentales Modell, Metapher. Studien zur Semantik und Geschichte der Techniksprache*
                1991 | Tübingen: Max Niemeyer

JAKOB, K.   *Techniksprache als Fachsprache*
                1998 | In: Hoffmann, L., Kalverkämper, H., Wiegand, H. E. (Hg.), Fachsprachen / Languages for Special Purposes. Ein internationales Handbuch zur Fachsprachenforschung und Terminologiewissenschaft / [...], 2 Halbbände, Berlin, New York: Walter de Gruyter, 142–150

JEUK, S.   *Deutsch als Zweitsprache in der Schule: Grundlagen – Diagnose – Förderung. Lehren und Lernen. 2., aktual. Auflage*
                2013 | Stuttgart: Kohlhammer

K

KANT, I.   *Kritik der reinen Vernunft.*
                2. Auflage
                1787/1968 | Berlin: Walter de Gruyter

KESSEL, K.,   *Basiswissen Deutsche Gegenwartssprache*
REIMANN, S.   2005 | Tübingen: Francke

KLIEME, E. ET AL. *Unterricht und Kompetenzerwerb in Deutsch und Englisch ; zentrale Befunde der Studie Deutsch-Englisch-Schülerleistungen-International (DESI); eine Studie im Auftrag der Kultusminister der Länder in der Bundesrepublik Deutschland*
(HRSG.).   2006 | Frankfurt: DIPF

KLUTE, W. *Didaktischer Kommentar*
1975 | In: Klute, W. (Hg.), Fachsprache und Gemeinsprache. Texte zum Problem der Kommunikation in der arbeitsteiligen Gesellschaft, Frankfurt, Berlin, München: Diesterweg, 5–11

KNIFFKA, G. *Scaffolding – Möglichkeiten, im Fachunterricht sprachliche Kompetenzen zu vermitteln*
2013 | In: Michalak, M., Kuchenreuther, M. (Hg.), Grundlagen der Sprachdidaktik Deutsch als Zweitsprache, Baltmannsweiler: Schneider Hohengehren, 208–225

KNIFFKA, G., NEUER, B. *„Wo geht's hier nach ALDI?" – Fachsprachen lernen im kulturell heterogenen Klassenzimmer*
2008 | Budke, A. (Hg.) Interkulturelles Lernen im Geographie-Unterricht. Potsdam: Universitätsverlag, 121–135
http://opus.kobv.de/ubp/volltexte/2008/2451

KNIFFKA, G., NEUER, B. *Orientierung geben und finden – Möglichkeiten der Vermittlung von Sprache im Geographieunterricht*
2012 | Vortrag gehalten auf der Tagung der Gesellschaft für Angewandte Linguistik, 20.09.2012 in Erlangen

KNIFFKA, G., SIEBERT-OTT, G. *Deutsch als Zweitsprache. Lehren und Lernen*
3. Auflage
2012 | Paderborn [et al.]: Schöningh

KOCH, P., OESTERREICHER, W. *Sprache der Nähe – Sprache der Distanz. Mündlichkeit und Schriftlichkeit im Spannungsfeld von Sprachtheorie und Sprachgeschichte*
1985 | Romanistisches Jahrbuch 36, 15–43

KÖNIG, W. *dtv-Atlas Deutsche Sprache*
Grafische Gestaltung: Hans-Joachim Paul
1978/1994 | München: Deutscher Taschenbuchverlag

KRETZENBACHER, H. L. *Syntax des wissenschaftlichen Fachtextes*
1991 | Fachsprache 2, 118–137

KUHFUSS, W. *Eine Kulturgeschichte des Französischunterrichts in der frühen Neuzeit. Französischlernen am Fürstenhof, auf dem Marktplatz und in der Schule in Deutschland*
2014 | Göttingen: V & R unipress

L

LEISEN, J. ET AL. (HRSG.) — *Methodenhandbuch Deutschsprachiger Fachunterricht (DFU)*
1999| Bonn: Varus

LEISEN, J. — *Sachtexte lesen im Fachunterricht der Sekundarstufe*
2009| Seelze-Velber: Kallmeyer Klett

LINKE, A., NUSSBAUMER, M., PORTMANN, P. R. — *Studienbuch Linguistik. Ergänzt um ein Kapitel „Phonetik/Phonologie" von Urs Willi*
5., erweiterte Aufl.
2004 | Tübingen: Niemeyer

M

MITTERHUBER, D. — *Fachsprache und Lesekompetenz*
2008 | In: Landesinstitut für Lehrerfortbildung und Schulentwicklung (Hg.). Unterrichtserfahrungen im Fachunterricht der Sekundarstufe I. Hamburg

MÖHN, D., PELKA, R. — *Fachsprachen. Eine Einführung*
1984 | Tübingen: Max Niemeyer

MOREK, M., HELLER, V. — *Bildungssprache – Kommunikative, epistemische, soziale und interaktive Aspekte ihres Gebrauchs*
2012 | Zeitschrift für Angewandte Linguistik 57, 67–101

MOSER, H. — *Neuere und neueste Zeit. Von den 80er Jahren des 19. Jahrhunderts zur Gegenwart*
1974 | In: Maurer, F., Rupp, H. (Hg.), Deutsche Wortgeschichte. 3., neubearb. Aufl., Bd. II, Berlin, New York: Walter de Gruyter

O

OBERMAYER, A. — *Bildungssprache im grafisch designten Schulbuch*
2013 | Bad Heilbrunn: Klinkhardt

OHM, U., KUHN, CH., FUNK, H. — *Sprachtraining für Fachunterricht und Beruf. Fachtexte knacken – mit Fachsprache arbeiten*
2007 | Münster: Waxmann

OSSNER, J. — *Sprachdidaktik Deutsch*
2., überarbeitete Aufl.
2008 | Paderborn: Schöningh

P

PÄTZOLD, G. *Sprache – das kulturelle Kapital für eine Bildungs- und Berufskarriere*
2010 | Zeitschrift für Berufs- und Wirtschaftspädagogik 2, 161–172

PAWELZIG, G. *Biologie in Übersichten*
2004 | Berlin: Cornelsen

POLENZ, P. V. *Deutsche Sprachgeschichte vom Spätmittelalter bis zur Gegenwart. Bd. III: 19. und 20. Jahrhundert*
1999 | Berlin, New York: Walter de Gruyter

PREECE, S. *Posh Talk*
2009 | Basingstoke, New York: Palgrave Macmillan

PRISMA BIOLOGIE *5/6 Nordrhein Westfalen*
2003 | Stuttgart: Klett

Q

QUEHL, TH., *Sprachbildung im Sachunterricht der Grundschule*
TRAPP, U. 2013 | Münster: Waxmann

R

ROBINSON, R. *Definition*
4th edition
1965 | Oxford: Oxford University Press

ROCHE, J. *Fremdsprachenerwerb, Fremdsprachendidaktik*
2., überarb. und erw. Aufl.
2008 | Tübingen: Francke

ROELCKE, TH. *Fachsprache und Fachkommunikation*
2002a | Der Deutschunterricht 54, 9–20

ROELCKE, TH. *Kommunikative Effizienz. Eine Modellskizze*
2002b | Heidelberg: C. Winter

ROELCKE, TH. *Effizienz sprachlicher Kommunikation*
2007 | Bär, J. A., Roelcke, Th., Steinhauer, A. (Hg.), Sprachliche Kürze. Konzeptuelle, strukturelle und pragmatische Aspekte, Berlin, New York: Walter de Gruyter, 7–26

ROELCKE, TH. *Fachsprachliche Inhalte und fachkommunikative Kompetenzen als Gegenstand des Deutschunterrichts für deutschsprachige Kinder und Jugendliche*
2009a | Fachsprache – International Journal of Specialized Communication 31, 8–22

ROELCKE, TH. *Fachsprache und Fachkommunikation – (k)ein Ziel für den Deutschunterricht? Eine exemplarische Studie anhand der Bildungsstandards für das Fach Deutsch an den Schulen des Landes Baden-Württemberg (Bundesrepublik Deutschland)*
2009b | Wirkendes Wort 59, 129–175

ROELCKE, TH. *Geschichte der deutschen Sprache*
2009c | München: C. H. Beck

ROELCKE, TH. *Fachsprachen*
3., neu bearbeitete Auflage (1. Aufl. 1999)
2010 | Berlin: Erich Schmidt

ROELCKE, TH. *Typologische Variation im Deutschen*
2011 | Berlin: Erich Schmidt

ROELCKE, TH. *Fachsprachendidaktik in Haupt- und Realschulen – ein Weg der Ausbildungsvorbereitung?*
2013a | In: Efing, Ch. (Hg.), Ausbildungsvorbereitung im Deutschunterricht der Sekundarstufe I. Die sprachlich-kommunikativen Facetten von „Ausbildungsfähigkeit", Frankfurt: Lang, 319–341

ROELCKE, TH. *Deutsch als Fach-Fremdsprache*
2013b | In: Oomen-Welke, I., Ahrenholz, B. (Hg.), Deutsch als Fremdsprache, Baltmannsweiler: Schneider Hohengehren, 378–388

ROELCKE, TH. (HG.) *Vermittlung von Fachsprachen*
2013c | Informationen Deutsch als Fremdsprache 40

ROELCKE, TH. *Sprachkompetenzen in Bildungsstandards von Sachfächern. Beobachtungen am Beispiel von Physik und Technik in Baden-Württemberg.*
2014a | Wirkendes Wort 64, 131–146

ROELCKE, TH. *Schülerinnen und Schüler brauchen Fachwörter! Ein Plädoyer*
2014b | Der Deutschunterricht 66.5, 90–95

ROELCKE, TH. *Zur Gliederung von Fachsprache und Fachkommunikation*
2014c | Fachsprache – International Journal of Specialized Communication 37, 154–178

ROELCKE, TH. *Deutsch als fremde Wissenschaftssprache: Wege aus dem Pluralitätsproblem*
2015 | In: Dohrn, A., Kraft, A. (Hg.), Fachsprache Deutsch – international und interdisziplinär, Hamburg: Kovač (Lingua. Fremdsprachenunterricht in Forschung und Praxis 33), 15–30

RÖHNER, CH., *Fachbezogene Sprachförderung Deutsch als Zweitsprache*
HÖVELBRINKS, B. 2013 | Weinheim/Basel: Beltz/Juventa
(HG.)

RÖSLER, D. *Deutsch als Fremdsprache*
2012 | Stuttgart: Metzler

ROTHKEGEL, A. *Technikkommunikation. Produkte – Texte – Bilder*
2010 | Konstanz: UVK Verlagsgesellschaft

S

SAVIGNY, E. V. *Grundkurs im wissenschaftlichen Definieren*
3., durchgesehene Auflage
1993 | Göttingen: Vandenhoeck und Ruprecht

SCHELLENBERG, W. *Fachwortschatz*
2011 | In: Pohl, I., Ulrich, W. (Hg.), Wortschatzarbeit., Baltmannsweiler: Schneider Hohengehren, 310–319

SCHMÖLZER-EIBINGER, *Sprachförderung im Fachunterricht in sprachlich heterogenen*
S. ET AL. *Klassen.*
2013 | Stuttgart: Klett/Fillibach.

SELTING, M. ET AL. *Gesprächsanalytisches Transkriptionssystem GAT 2.*
(HRSG.) 2009| Gesprächsforschung 10, 353-402

SOMANI, N.,   *Using Pauline Gibbons' Planning Framework: Examples of Practice*
MOBBS, M.   2011| NALDIC

STEGER, H.   *Erscheinungsformen der deutschen Sprache. Alltagssprache – Fachsprache – Standardsprache – Dialekt und andere Gliederungstermini*
1988 | Deutsche Sprache 16, 289–319

STEINIG, W.,   *Sprachdidaktik Deutsch. Eine Einführung*
HUNEKE, H.-W.   4., neu bearb. und erw. Aufl.
2011 | Berlin: Erich Schmidt

T

TERRA ERDKUNDE   *5/6 Hrsg. v. Bünstorf, J.*
2002 | Stuttgart: Klett.

V

VOGT, M.   *Making Content Comprehensible for Language Minority Students in the Mainstream Classroom: The SIOP Model*
2010| In: Benholz, C., Kniffka, G. Winters-Ohle, E. (Hrsg.). Fachliche und sprachliche Förderung von Schülern mit Migrationsgeschichte, Münster: Waxmann, 39-52

W

WERLEN, E.   *Kontexte und Ziele Bilingualen Lehrens und Lernens*
2006 | In: Schlemminger, G. (Hrsg.). Aspekte Bilingualen Lehrens und Lernens. Baltmannsweiler: Schneider Verlag Hohengehren, 199–220

WIDLOK, B.,   *Mit Sinnen experimentieren. Sprache begreifen. Frühes Fremdsprachenlernen mit dem CLIL-Ansatz. Einführung und Praxisbeispiele*
HOPPENSTEDT, G.
2013 | München: Goethe Institut

WOOD, D.,   *The role of tutoring in problem solving*
BRUNER, J., ROSS, G.   1976| Journal of Child Psychology and Psychiatry and Allied Disciplines, 17, 89–100

WORTSTARK   *Themen und Werkstätten für den Deutschunterricht. Realschule Baden-Württemberg. 6 Bde. Erarbeitet von R. Brauer [et al.].*
2004–2007 | Braunschweig: Schroedel

WYGOTSKIJ, L.S.   *Denken und Sprechen*
1934/2002 | Herausgegeben und aus dem Russischen übersetzt von Joachim Lompscher und Georg Rückriem. Weinheim und Basel: Beltz

Z

ZENTRALSTELLE FÜR DAS AUSLANDSSCHULWESEN   (http://www.bva.bund.de/DE/Organisation/Abteilungen/Abteilung_ZfA/Auslandsschularbeit/DFU/node.html)

Abbildungsverzeichnis

Abb. 1.1 Elemente fachsprachlicher Kommunikation in Alltag und Beruf 17
Nach: Roelcke, Th. 2013. Fachsprachendidaktik in Haupt- und Realschulen – ein Weg der Ausbildungsvorbereitung? In: Efing, Ch. (Hg.), Ausbildungsvorbereitung im Deutschunterricht der Sekundarstufe I. Die sprachlich-kommunikativen Facetten von „Ausbildungsfähigkeit", Frankfurt: Lang, 322.

Abb. 1.2 Teilbereiche fachkommunikativer Kompetenz 19
Aus: Roelcke, Th. 2009. Fachsprachliche Inhalte und fachkommunikative Kompetenzen als Gegenstand des Deutschunterrichts für deutschsprachige Kinder und Jugendliche. Fachsprache – International Journal of Specialized Communication 31, 12

Abb. 1.3 Kommunikationsförderung und Sprachreflexion im Sprach- und Fachunterricht 34
Nach: Roelcke, 2013. Fachsprachendidaktik in Haupt- und Realschulen – ein Weg der Ausbildungsvorbereitung? In: Efing, Ch. (Hg.), Ausbildungsvorbereitung im Deutschunterricht der Sekundarstufe I. Die sprachlich-kommunikativen Facetten von „Ausbildungsfähigkeit", Frankfurt: Lang, 337.

Abb. 1.4 Fachsprachen im Unterricht nach Lernzielen 38
Nach: Roelcke, Th. 2009. Fachsprachliche Inhalte und fachkommunikative Kompetenzen als Gegenstand des Deutschunterrichts für deutschsprachige Kinder und Jugendliche. Fachsprache – International Journal of Specialized Communication 31, 8

Abb. 2.1 Bildungssprachliche Praktiken 48
Aus: Morek, M.,& Heller, V. 2012. Bildungssprache – Kommunikative, epistemische, soziale und interaktive Aspekte ihres Gebrauchs. ZfAL 57/2012, 92

Abb. 2.2 Schulsprache und Bildungssprache 50
Aus: Feilke, H. 2013, Bildungssprache und Schulsprache. In: Becker-Mrotzek, M. et al. (Hrsg.) Sprache im Fach. Münster: Waxmann. 120.

Abb. 2.3 Quadrantenmodell nach Cummins 53
Nach: Cummins, J. The role of primary language development in promoting educational success for language minority students. In: Schooling and language minority students: A theoretical framework.Los Angeles: Evaluation, Dissemination, and Assessment Center, California, State University, Los Angeles, 25

Abb. 3.1 Aufbau einer klassisch-aristotelischen Definition 63
Original

Abb. 3.2 Thema/Rhema-Gliederung 73
Original

Abb. 3.3 Aufbau einer einfachen Argumentation 74
Original

Abb. 3.4 Logische Schlussverfahren 75
Original

Abbildungsverzeichnis

Abb. 3.5   Gesetz über den Verkehr mit Arzneimitteln 79
Arzneimittelgesetz in der Fassung der Bekanntmachung vom 12. Dezember 2005
(BGBl. I S. 3394), das durch Artikel 4 Absatz 11 des Gesetzes vom 7. August 2013
(BGBl. I S. 3154) geändert worden ist (http://www.gesetze-im-internet.de/amg_1976/__11.html

Abb. 3.6   Vollverb, Substantivierung und Funktionsverben (Beispiel) 84
Original

Abb. 3.7   Vollverb, Substantivierung und blasse Verben (Beispiel) 84
Original

Abb. 3.8   Mathematische Formel für Varianz (einschließlich Legende) 86
Original

Abb. 3.9   Der Laut (Phonetik und Phonologie) 87
Aus: König, W. 1978/1994. dtv-Atlas Deutsche Sprache. München: Deutscher
Taschenbuchverlag, 16

Abb. 3.10   Kniefall Willy Brandts 88
Aus: Lendzian, H.-J. (Hrsg.) 2015. Zeiten und Menschen. Braunschweig, Paderborn,
Darmstadt: Schöningh, 487

Abb. 3.11   Völker und Kulturen der alten Welt 88
Aus: Sehlmeyer, M. 2014. Die Antike. Paderborn: Schöningh, 250-251

Abb. 3.12   Einteilung der Fische 89
Aus: Pawelzig, W. 2004. Biologie in Übersichten. Berlin: Cornelsen, 38

Abb. 3.13   Zusammenwirken der Stoff- und Energiewechselprozesse 89
Aus: Pawelzig, W.,2004. Biologie in Übersichten. Berlin: Cornelsen, 72

Abb. 3.14   Vertikale Typen fachsprachlicher Kommunikation 92
Nach: Hoffmann, L. 1985. Kommunikationsmittel Fachsprache. Eine Einführung.
Tübingen: Narr, 64-70

Abb. 3.15   Kommunikation zwischen Experten und Laien 94
Original

Abb. 3.16   Kommunikation zwischen Lehrenden und Lernenden an
der Schule 95
Original

Abb. 3.17   Fachtextsorten zwischen Darstellungs-, Appell- und
Ausdrucksfunktion 98
Original

Abb. 3.18   Ein weiteres Beispiel für eine klassisch-aristotelische Definition 160
Original

Abb. 4.1   Faktoren bedarfsorientierter Fachsprachenvermittlung 102
Aus: Fluck, H.R. Bedarf, Ziele und Gegenstände fachsprachlicher Ausbildung. In:
Hoffmann, L. et al. (Hrsg.). Fachsprachen: Ein internationales Handbuch zur
Fachsprachenforschung und Terminologiewissenschaft. Berlin, New York: Walter
de Gruyter, 945

Abbildungsverzeichnis

Abb. 4.2 Deutsch-Tschechisches Lehrbuch, Prag 1540. 105
Aus: Glück, H. 2004. Deutsch lernen in den polnischen Ländern vom 15. Jahrhundert bis 1918: eine teilkommentierte Bibliographie. Broschüre. Bamberg, 5

Abb. 4.3 Das SIOP-Modell und seine Komponenten 110
Original

Abb. 4.4 Scaffolding-Konzept nach Gibbons 2002 115
Original

Abb. 4.5 Übersicht Konzeptionen 117
Original

Abb. 5.1 Wind 125
Aus: Duden Paetec. Sachunterricht. Berlin, 44

Abb. 5.2 Wir beobachten Vögel beim Nestbau 126
Aus: Prisma Biologie 5/6 Nordrhein Westfalen. Stuttgart: Klett, 2003, 102

Abb. 5.3 steil/flach 131
Aus: Duden Paetec. Sachunterricht. Berlin, 34

Abb. 5.4 Planungsraster nach Somani & Mobbs 1997 133
Nach: Somani, N. & Mobbs, M. 1997. Using Pauline Gibbons' Planning Framework: Examples of Practice. NALDIC

Abb. 5.5 Überleben im Wasser 134
Aus: Prisma Biologie 5/6 Nordrhein Westfalen Stuttgart: Klett, 2003, 157

Abb. 5.6 Lernkarte 135
Original

Abb. 5.7 Schülertexte Pflanzenbeschreibung Klasse 5 136
Aus einem unveröffentlichten Korpus von Schülertexten von M. Becker-Mrotzek, Universität zu Köln

Abb. 5.8 Wie du mit dem Atlas arbeitest 138
Aus: Terra Erdkunde 5/6,Hrsg. v. Bünstorf, J.2002, Stuttgart: Klett, 38

Abb. 5.9 Ablauf einer Doppelstunde 142
Nach: Kniffka, G./Neuer, B. 2008. Wo geht's hier nach Aldi? In: Budke, A. (Hg.) Interkulturelles Lernen im Geographie-Unterricht. Potsdam: Universitätsverlag, 129

Abb. 5.10 Planungsraster für den Unterricht 145
Aus: Kniffka, G. / Neuer, B. 2012. Orientierung geben und finden – Möglichkeiten der Vermittlung von Sprache im Geographieunterricht. Vortrag gehalten auf der Tagung der Gesellschaft für Angewandte Linguistik, 20.09.2012 in Erlangen

REGISTER

A

Abbildung 86-89
Aktivierung von Vorwissen 143
Allgemeine Fachsprachenkompetenz 55f.
Anforderung, berufliche 24f.
Anforderung, fachkommunikative 24f.
Anonymisierung 80-85
Appellfunktion 97f.
Attribut 69-71
Ausdrucksfunktion 97f.
Ausdruckskürze 75-80

B

Basic interpersonal communicative skills (BICS) 51-55
Bedeutungsfestlegung 61-64
BICS (basic interpersonal communicative skills) 51-55
Bildungsprozess 11f.
Bildungssprache 43-49
Bildungsstandard 26-28, 30-32, 137
Bilingualer (Sachfach-)Unterricht 108f.

C

CALP (cognitive academic language proficiency) 51-55
Charakteristika, sprachliche 19-21, 61-100
CLIL (Content and Language Integrated Learning) 106-108
Cognitive academic language proficiency (CALP) 51-55
Content and Language Integrated Learning (CLIL) 106-108

D

Darstellungsfunktion 97f.
Definition 61-64, 65-69
Deutschsprachiger Fachunterricht (DFU) 109
Deutschunterricht 26-30
Dezentralisierung von Fachkommunikation 15-17
DFU (Deutschsprachiger Fachunterricht) 109
Didaktik der Fachsprachen 33-37
Differenzierung von Fachkommunikation 15-17, 65-69, 69-75
Dynamisierung von Fachkommunikation 15-17

E

Effizienz, kommunikative 76
Entlehnung 66-68

Erweiterung des Wortschatzes 65-69

F

Fachlernen 106-116
Fachsprachenkompetenz, allgemeine 55f.
Fachsprachenvermittlung 13-39
fachsprachlicher Unterricht 119-155
Fachunterricht 33-35
Formel 85f.
fremdsprachlicher Unterricht 102-104, 104-106
Funktionen von Fachsprachen 61-100
Funktionsverbgefüge 83

G

Gliederung von Fachsprachen 90-98
Grammatik 69-72

H

horizontale Gliederung 90f.

I

Input, sprachlicher 140f.
Institutionalisierung von Alltagssprache 14f.
Interaktion im Unterricht 148

K

Kenntnis, fachsprachliche 18-25
Kollokation 84
Kommunikationsförderung 33-35
Kompetenz, ethische 21-24
Kompetenz, fachkommunikative 18-25
Kompetenz, kognitive 21-24
Kompetenz, pragmatische 21-24
Komposition 65f.
Kontextunabhängigkeit 72f.
Kurzwortbildung 76f.

L

Lehrperson 148
Lehrwerk 28-30
Lernform 140
Lernstanderfassung 135f.
Lernziel 137-139

M

Materialanalyse 121-135
Metapher 68f.
Makro-Scaffolding 113f.

Mikro-Scaffolding 148-154

N
Nebensatz 71f., 129
nichtsprachliches Zeichen 85-89
Nominalstil 70f.

O
Objektivierung 80-85
Ökonomie, sprachliche 75-80

P
Passiv 81-83
Physikunterricht 30-32
Planungshilfen für den Unterricht 119-155
Pluralität von Fachsprachen 14-39
Präsens 81-83
Präzisierung 61-64

R
Rezeptionsbarriere 122f.

S
Scaffolding 113-116
Schlussverfahren, logisches 74f.
Schulart 26-28
Schulsprache 50f.
Sequenzierung 139-148
Sheltered Instruction Operation Protocol (SIOP®) 110-113, 154
SIOP® (Sheltered Instruction Operation Protocol) 110-113, 154
Sprache im Alltag 14-18
Sprachlernen 106-116
Sprachreflexion 33-35
Sprachstandserfassung 135f.
Sprachunterricht 33-35, 102-104
Sprachvermittlung im Fach 101-118

Substantivierung 83-85
Symbol 85f.

T
Tabelle 86-89
Technikunterricht 30-32
Technisierung von Alltagssprache 14f.
Textbauplan 77-80
Textsorte 95-98, 132f.
Thema/Rhema-Gliederung 73f.
Topikalisierung 128f.

U
Umgangssprache, fachliche 69
Unterricht, fachsprachlicher 119-155
Unterrichtsinteraktion 148-154
Unterrichtsplanung 139-148
Unterrichtsvorbereitung 120-139

V
Veränderungen der Fachkommunikation 15-17
Verknüpfungsverfahren 72-75
Vermittlung von Fachsprachen 13-39
vertikale Gliederung 91-95
Verweisstruktur 128
Verwissenschaftlichung von Alltagssprache 14f.
Vorbereitung von Unterricht 120-139
Vorwissen, Aktivierung 143

W
Wissenstransfer 93
Wortbildung 65f., 76f.
Wortschatz 65-69, 123f., 132

Z
Zahl 85f.
Zeichen, nichtsprachliches 85-89

Sicher schreiben im Unterricht

Monika Hoffmann
Deutsch fürs Lehramt
Verstehen, üben, weitergeben
9783-8252-4406-4
Schöningh. 1. A. 2015
228 S., 29 Tab.
€ 12,99 | € (A) 13,40

Werden Sie zum Rechtschreibprofi!

Wenn Sie unterrichten, müssen Sie nicht nur in Ihrem Fach fit sein, sondern auch in der Sprache. Schließlich korrigieren Sie Arbeiten, Sie erklären Zweifelsfälle und Sie schreiben vor aller Augen. Sie sind mit zuständig für die sprachliche Bildung der Lernenden. Auf diese Aufgabe können Sie sich gezielt vorbereiten; Deutsch fürs Lehramt hilft ihnen dabei. Es erklärt Rechtschreibung, Grammatik und Zeichensetzung, bietet Ihnen Gelegenheit, nachhaltig zu üben, und gibt Ihnen damit die Sicherheit, die Sie beim Unterrichten brauchen.

Mit einem Vorwort von Josef Kraus, Präsident des Deutschen Lehrerverbandes (DL)

Mehr unter www.utb-shop.de